여기 지금

우리와 함께 하시는

하나님

헨리 J. M. 나우웬

장미숙

여기 지금 우리와 함께 하시는 하나님(Here and Now)

ⓒ1995년, 2013년 은성출판사
초판 발행: 1995년 11월
제1판 2쇄 발행: 1998년
제2판 발행: 2014. 2월 15
저자: 헨리 J. M. 나우웬
역자: 장미숙
발행처: 은성출판사
등록: 1974년 12월 9일 제 9-66호
주소: 서울시 강동구 성내동 538-9
전화: (070) 8274-4404
팩스: (02) 477-4405

출판 및 판매에 관한 모든 권한은 본 출판사가 소유하고 있습니다. 출판사의 사전 서면 허락없이 상업적인 목적으로 번역, 재제작, 인용, 촬영, 녹음 등을 할 수 없음을 알려드립니다.

Printed in Korea
ISBN: 978-89-7236-407-8 33230
Originally published in English under the title: Here and Now by Henri J. M. Nouwen published by Crossroad Publishing Company in 1994. All rights to this book, not specially asigned herein, are reserved by the copyrights owner. All non-English rights are exclusively through The Crossroad Publishing Company, 370 Lexington Avenue, New York, N.Y. 10017, U. S. A.

Here
and
Now

Henry J. M. Nouwen

차례

감사의 말 9

머리말 10

01. 현재로 산다는 것

하나. 새로운 시작 _ 14

둘. "말았어야 했는데"와 "한다면 어떻게" _ 16

셋. 생일 _ 18

넷. 여기 지금 _ 20

다섯. 내면의 방 _ 22

여섯. 사람과 더불어 _ 24

일곱. 삶의 바퀴 _ 26

02. 기쁨

하나. 기쁨과 슬픔 _ 30
둘. 선택 _ 32
셋. 태양과 구름 _ 34
넷. 기쁨으로 놀라다 _ 36
다섯. 기쁨과 웃음 _ 38
여섯. 우리는 희생자가 아니다 _ 40
일곱. 소망의 열매 _ 42
여덟. 소원이 아닌 소망 _ 44

03. 고통 껴안기

하나. 고통을 껴안으라 _ 48
둘. 비석 위의 음식 _ 50
셋. 연약한 자들과의 사귐 _ 52
넷. 개인주의 초월 _ 54
다섯. 연합에 대한 갈망 _ 56
여섯. 상처를 딛고 일어서는 힘 _ 58
일곱. 소명에 충실하는 것 _ 60
여덟. 달라이 라마의 길 _ 62
아홉. 사랑의 상처 _ 64

04. 회심

하나. 사랑의 영 _ 68

둘. 회심 _ 70

셋. 위로부터의 해답 _ 72

넷. 회심으로의 초대 _ 74

다섯. 왜 에이즈인가? _ 76

여섯. 역 선교 _ 78

일곱. 하나님의 질문 _ 80

여덟. 판단이라는 짐 _ 82

아홉. 하나님의 사랑을 내 것으로 _ 84

05. 삶의 훈련

하나. 황금을 위한 삶 _ 88

둘. 분명한 목표 _ 90

셋. 영생 _ 92

넷. 영적 독서 _ 94

다섯. 영적인 독서 방법 _ 96

여섯. 의미를 추구하는 독서 _ 98

06. 영적인 삶

하나. 세미한 소리 _ 102

둘. 나를 사랑하세요? _ 104

셋. 운명론에서 믿음으로 _ 106

넷. 십자가 아래서 _ 108

다섯. 감사하는 삶 _ 110

여섯. 가난한 자들이 주는 축복 _ 112

일곱. 아담의 선물 _ 114

여덟. 둘 씩 둘 씩 _ 116

07. 기도

하나. 테레사 수녀의 대답 _ 120

둘. 걱정에서 기도로 _ 122

셋. 마음으로 드리는 기도 _ 124

넷. 내게 부족함이 없으리로다 _ 126

다섯. 복음서 묵상 _ 128

여섯. 내면의 그림 _ 130

일곱. 영적 환경 _ 132

08. 긍휼

하나. 경쟁에서 긍휼로 _ 136
둘. 사랑받는 자가 됨 _ 138
셋. 낮은 곳에 임하는 길 _ 140
넷. 긍휼이 베푸는 선물 _ 142
다섯. 우리가 있는 바로 그곳 _ 144
여섯. 이웃과 함께 하는 고통 _ 146
일곱. 침묵 _ 148
여덟. 주고 받는다는 것 _ 150
아홉. 자아-대면이라는 선물 _ 152
열. 하나님의 마음 _ 154

09. 가족

하나. 부모 곁을 떠남 _ 158
둘. 자유로이 예수님을 따름 _ 160
셋. 용서와 감사 _ 162
넷. 우리들의 어머니와 아버지 _ 164
다섯. 용서받음 _ 166
여섯. 자녀는 하나님의 선물 _ 168
일곱. 사랑의 아픔 _ 170
여덟. 걱정 _ 172

10. 인간관계

하나. 친밀성의 복잡성 _ 176
둘. 함께 부름받음 _ 178
셋. 하나님의 사랑의 산 증인들 _ 180
넷. 하나님의 신실하심을 나타냄 _ 182
다섯. 함께 사는 제자의 삶 _ 184
여섯. 친구의 선택 _ 186

11. 나는 누구인가?

하나. 우리는 하나님의 자녀 _ 190
둘. 이미 사랑받고 있는 나 _ 192
셋. 기도 훈련 _ 194
넷. 시계와 시간 _ 196
다섯. 죽음을 맞을 준비 _ 198
여섯. 본향으로 돌아감 _ 200

후기 202

감사의 말

이 책을 준비하는 데 많은 도움을 준 세 명의 친구들, 원고를 타자해 준 케티 크리스티Kathy Christie, 본문을 편집해 준 콘래드 위초렉Conrad Wieczorek, 그리고 주제를 선택하고 책의 최종 구성을 담당은 밥 헬러Bob Heller에게 감사의 말을 전하고 싶다.

또 머리 맥도넬Murray McDonnell을 기념하기 위해 나에게 재정적 지원을 아끼지 않은 페기 맥도넬Peggy McDonnell과 그녀의 가족과 친구들에게 특별히 감사를 드린다.

마지막으로 이 묵상의 글을 쓸 수 있도록 편안한 장소를 제공해 준 바트와 패트리샤 가비간Bart and Patricia Gavigan 부부와 프란츠와 레리 조나Franz and Reny Johna) 부부에게도 깊은 감사를 표한다.

머리말

    어느 날 나는 그냥 책상에 앉아서 마음 속에 떠오르는 생각과 느낌들을 적기 시작했다. 성경 외에 인용할 만한 책도 없었다. 그러나 한 번 시작하자 너무도 쉽게 술술 써내려갈 수 있다는 사실에 오히려 내가 놀랐다. 마치 그것은 이 생각이 저 생각을 불러내고, 이 느낌이 저 느낌을 불러내는 것 같았다. 그것은 양심에 대한 오랜 자성이자 신앙에 대한 개인적 진술의 연장이며 하나님 나라에 대한 일련의 통찰이었을 것이다. 나는 나도 모르게 내 자신과 나의 친구와 가족들, 그리고 나의 하나님에 대해 쓰고 있었다. 그 모두는 서로 이리저리 얽혀 있었다.

    대부분의 이 글은 나의 삶에서 경험했거나 느낀 것이며, 지난 몇 년 동안 내가 얻은 영적인 깨달음이기도 하다. 그 중 어떤 글은 나에게도 새롭고 놀라운 것이었다. 나는 독창적인 것이 되기보다는 진실되기를 바랬다. 전에 한 번도 말한 적이 없는 것을 쓰기보다, 나에게 진실로 중요한 것을 쓰려 하였다. 그리고 새로운 책을 쓰기보다 내 자신이 살기 원하는 삶에 대해 묵상하고자 하였다. 물론 새로운 글도 있지만 이 책의 내용 중 어떤 것은 전에 출판한 다른 책에 쓴 것도 있다. 그러나 여기에 나오는 글들은 지금의 나의 생각을 표현한 것들이다.

이 책에 쓴 나의 다양한 글 속에는 각기 나름대로의 명상의 깊이가 있으며, 그 내용은 각기 독립적인 의미 또한 있다. 그렇지만 큰 주제별로 구분하여 독자들로 하여금 일관성있는 영적 인생관을 조명할 수 있게 하였다. 마치 모자이크의 작은 조각들은 각기 독특한 의미를 가지고 있지만, 함께 짜맞추어 놓고 먼 곳에서 바라본다면 전체적인 하나의 모양을 나타내는 것과도 같은 것이다.

나는 이 글을 읽는 독자 여러분 자신의 영적 여행이, 비록 그 여정이 나와는 다를지라도 많은 공통점이 있기를 바라며 기도하는 바이다.

Here and **Now**

01.

현재로
산다는 것

하나.
새로운 시작

새로운 시작! 우리는 매일 매 시간 매 분을 새로운 시작으로, 모든 것을 새롭게 할 수 있는 특별한 기회로 삼아 사는 법을 배워야 한다. 우리가 매 순간을 새로운 생명을 잉태하는 순간으로 살 수 있다고 상상해 보라. 우리가 새해를 맞이할 때 언제나 "여기 선물이 있어. 어서 열어봐"라는 말을 듣는다고 상상해 보라.

이러한 상상들이 우리를 진실한 삶으로 인도할 수 있는가? 그렇다. 물론 그렇게 할 수 있다. 그러나 문제는 해가 갈수록 늘어나는 과거의 소리를 듣는 데 있다. 과거의 소리는 "모두 이미 알고 있는 거야. 이것 또한 이미 본 거야. 더욱 현실적이 되어야 해. 앞으로 다가올 것들은 지난 것의 반복일 뿐이야. 그럭저럭 지내면 돼" 등을 말한다. 교활한 여우들은 우리의 어깨 위에 올라 앉아서 귀에 대고 "해 아래 새 것은 없어…어리석은 자가 되지 마!"라고 그럴듯한 거짓말을 속삭인다.

우리를 속이는 이 여우의 말을 들으면, 그들의 말이 옳은 것 같다. 사실 새 해, 새 날, 새 시간을 맞이해도 새로운 것이라곤 전혀 찾아볼 수 없고 단조롭고 지루한 날들의 반복일 뿐이다. 그러면 어떻게 하면 좋은가?

우선 이 여우를 원래 있던 여우굴로 쫓아 버려야 한다. 그리고 나서 우리의 마음과 생각을 활짝 열고 우리의 생의 골짜기와 언덕 위에서 울려 나는 소리를 들어야 한다.

"보라 하나님의 장막이 사람들과 함께 있도다. 나의 이름은 너와 함께 하는 하나님이라. 나는 너의 눈에서 모든 눈물을 씻길 것이다. 다시 사망이 없고 애통하는 것이나 곡하는 것이나 슬픈 것도 없으리니 처음 것은 지나갔음이로라"(계 21:2-5).

우리는 그 소리를 듣기로 선택해야 한다. 그러면 매 순간의 선택에서 간절히 탄생을 기다리며 감추어져 있는 새 생명을 발견할 수 있는 길을 조금씩 더 열게 될 것이다.

둘.
"말았어야 했어"와 "한다면 어떻게?"

현재에 사는 것은 어렵다. 과거와 미래가 계속하여 우리를 괴롭힌다. 과거는 죄의식으로, 미래는 염려로 괴롭힌다. 지난 날 우리의 생에서는 불안하고 후회스럽고 분하고 혼란스럽고 혹은 애매 모호한 많은 일들이 일어났다. 이 모든 감정은 자주 죄의식으로 채색된다. 죄의식은 "너는 그렇게 하지 말았어야 했어"라고 우리에게 말한다. 이 "…말았어야 했어"라는 말은 우리로 하여금 과거에 대해 죄책감을 느끼게 하고 마음껏 현재를 누리는 것을 방해한다.

그러나 죄의식보다 더 나쁜 것은 염려이다. 우리의 염려는 우리의 삶을 "…한다면 어떻게 하지?"로 가득 채운다. 예를 들면 "직장을 잃는다면 어떻게 하지? 아버지가 돌아가신다면 어떻게 하지? 돈이 떨어지면 어떻게 하지? 경제가 침체되면 어떻게 하지? 전쟁이 일어나면 어떻게 하지?" 등등. 이렇게 많은 "…

한다면 어떻게 하지?"로 우리의 마음이 가득 차게 되면, 정원에 핀 예쁜 꽃과 거리에서 웃고 있는 아이들을 보지 못하며, 친구들의 다정한 목소리를 듣지 못하게 된다.

우리의 삶에 있어서 경계해야 할 것은 "…말았어야 했어"와 "…한다면 어떻게 하지?"이다. 이 말은 우리로 하여금 돌이킬 수 없는 과거에 매달리게 하고, 예측할 수 없는 불안한 미래로 우리를 끌고 간다. 그러나 우리의 삶은 지금 여기에서 이루어지고 있는 것이다. 하나님은 현재의 하나님이시다. 하나님은 언제나 이 순간에 계신다. 이 순간이 편하든 힘들든, 기쁘든 고통스럽든, 하나님은 지금 이 자리에 우리와 함께 하신다. 예수님은 하나님에 대해서 말씀하실 때, 우리가 있는 그곳에 언제나 그 시간에 함께 계시는 분이라고 말씀하셨다. "너희가 나를 볼 때, 너희는 하나님을 본다. 너희가 내 말을 들을 때, 너희는 하나님의 말을 듣는다."

하나님은 과거에 계셨거나 미래에 계실 분이 아니다. 그분은 지금 이 순간 이 곳에 나를 위해 계시는 분이시다. 그것이 바로 예수님이 과거의 짐과 미래의 염려를 없애기 위해 오신 이유이다. 그분은 우리가 지금 여기서 하나님을 발견하기를 원하신다.

셋.
생일

생일은 기념할 필요가 있다. 나는 생일을 축하하는 것이 시험 합격이나 진급이나 승리를 축하하는 것보다 더 중요하다고 생각한다. 그것은 생일을 축하하는 말에는 "당신이 존재한다는 사실을 감사한다"는 의미가 포함되어 있기 때문이다. 생일을 축하하는 것은 생명을 존귀하게 여기고 그것을 기뻐하는 것이다. 생일날 우리는 "무엇 무엇을 해주셔서, 축하의 말을 해줘서, 혹은 이루셔서 감사한다"라고 하지 않는다. 오히려 우리는 "태어나서 우리와 함께 있음을 감사한다"라고 말한다. 생일날 우리는 현재를 축하한다. 우리는 과거에 일어난 일을 불평하거나 장래에 일어날 일을 생각하지 않는다. 오히려 누군가를 들어올리고 "당신을 사랑한다"고 말한다.

내 친구들 중에는 생일을 맞은 친구를 여럿이 함께 들어서 옷을 입은 그대로 물이 가득한 욕조에 던지는 사람이 있다. 다른 친구들도 서로의 생일을 기억했다가 그들이 당한 그대로 해준다. 나는 이 관습이 어디서 유래했는지 모르겠다. 그러나 들어 올려서 "재 세례를 받는 것"은 우리의 삶을 축하하는 매우 좋은 방법이라고 생각된다. 우리는 비록 땅을 밟고 살아야 하지만 하늘에 이르도록 창조되었으며, 비록 쉽게 더러워질지라도 항상 다시 깨끗해질 수 있고, 새롭게 인생을 출발할 수 있다는 것을 알게 된다.

생일을 기념하는 것은 우리에게 생의 축복을 되새기게 한다. 바로 이런 정신에서 우리는 감사와 친절과 용서와 온유와 애정을 보임으로써 실제로 매일 사람들의 생일을 축하할 필요가 있다. 그것을 통해 우리는 "당신이 살아계셔서 기쁘다. 당신이 나와 함께 이 땅 위를 거닐어서 기쁘다. 우리는 함께 기뻐하고 즐거워 한다. 오늘은 바로 하나님께서 우리가 존재하고 또 함께 거하도록 만드신 날이다"를 말없이 표현하는 것이기 때문이다.

넷.
여기 지금

   우리는 현재의 삶을 살기 위해 가장 중요한 것이 바로 '여기 지금'이라는 것임을 마음속 깊이 새겨야 한다. 우리의 마음은 과거의 일이나 앞으로 일어날 일로 끊임없이 어지럽다. 현재에 계속 초점을 맞추는 것은 쉽지 않다. 마음을 정복하는 것은 매우 어려우며, 그것은 언제나 우리를 현재에서 멀어지게 한다.

   기도는 순간의 훈련이다. 기도할 때 하나님의 현존 안으로 들어가게 된다. 그분의 이름은 "우리와 함께 계시는 하나님"이다. 기도하는 것은 여기 지금 우리에게 말씀하시는 그분의 말씀에 귀 기울이는 것이다. 우리가 결코 홀로 있지 않고 하나님이 언제나 우리와 함께 계시며, 항상 우리를 돌보시고, 늘 우리에게 말씀하신다는 것을 믿으면 차츰 죄의식이나 염려를 주는 소리로부터 떨어져 현재의 순간에 거할 수 있게 된다.

   그러나 이것은 매우 어려운 도전이다. 왜냐하면 하나님에 대한 철저한 신뢰는 눈에 보이는 명백한 것이 아니기 때문이다. 대부분 우리는 하나님을 신뢰하지 않는다. 대부분 우리는 하나님을 형벌을 가하는 두려운 권세자나 또는 허무하고 무력한 존재로 생각한다. 예수님의 핵심 메시지는 하나님은 무력한 허약자도, 강력한 감독자도 아닌 오직 사랑하시는 분이라는 것이다. 그분의 유일한 소망은 우리 마음의 소원을 이루어 주시는 것이다. 기도하는 것은 그 사랑의 음성을 듣는 것이다. 그것이 바로 순종의 의미이다. "순종"이란 낱말은 매우 주의 깊게 듣는다는 뜻의 라틴어 obaudire에서 나왔다. 경청하지 않으면 그 사랑의 음성을 들을 수 없다.

    라틴어로 귀머거리를 의미하는 단어는 surdus이다. 완전히 귀머거리가 되는 것을 의미하는 단어는 absurdus 즉, 영어로 absurd(어리석은, 모순된)가 되는 것이다. 우리가 기도하지 않고, 그 순간에 우리에게 말씀하시는 그 사랑의 음성에 귀기울이지 않을 때, 우리의 삶은 과거와 미래 사이에서 이러 저리 밀리는 어리석은 삶이 될 뿐이다. 우리가 매일 몇 분만이라도 진정으로 현재에 거할 수 있다면 실로 우리가 홀로 있지 않다는 것, 그리고 우리와 함께 계시는 그분이 원하시는 일은 오직 하나, 즉 우리에게 사랑을 주는 것임을 발견하게 될 것이다.

다섯.
내면의 방

　사랑의 음성을 듣기 위해서는, 우리의 모든 주의력을 기울여 마음과 생각을 그 음성으로 향하게 해야 한다. 어떻게 해야 그렇게 할 수 있는가? 나의 경험으로 미루어 보아서 가장 효과적인 방법은 단순한 기도이다. 한 문장이나 한 낱말도 좋다. 천천히 그것을 되풀이 하는 것이다. 우리는 주기도문이나 예수 기도, 예수의 이름, 또는 하나님의 사랑을 기억나게 하는 어떤 말이라도 사용하여, 그것을 우리 내면의 방 한 가운데 어둠을 밝히는 촛불처럼 둘 수 있다.

　우리는 금방 산만해진다. 우리는 어제 일어난 일이나 내일 일어날 일들을 생각한다. 우리는 벗이나 적들과 상상의 대화를 길게 이어간다. 우리는 다음 날을 계획하며, 임박한 면담을 대비하고, 다음 모임을 준비한다. 그러나 그 촛불이 우리의 어두운 방에서 타고 있는 한, 우리는 그 빛으로 돌아가 우리가 간절히 원하는 것을 주시는 그분의 임재를 분명하게 볼 수 있다. 이것이 항상 만족스러운 경험은 아니다.

종종 우리는 너무도 불안해 하며 내적인 고요를 찾는 것이 거의 불가능할 때 오히려 바빠지기를 원함으로써 우리 마음과 생각의 혼란스러운 상태를 대면하기를 피할 수 있다. 그러나 우리가 그 훈련을 성실하게 계속한다면, 하루에 겨우 10분일지라도, 차츰 우리의 기도의 불빛에 의해 우리 안에 하나님이 거하시는 공간이 있으며 우리가 그와 함께 거하도록 그곳에 초청받는다는 사실을 보게 될 것이다.

일단 우리가 그 내적인 거룩한 장소, 우리가 여행할 수 있는 그 어떤 곳보다 아름답고 귀중한 장소를 알게 되면, 우리는 그곳에 거하기를 원하고 거기서 영적으로 충만해지기를 원하게 된다.

여섯.
사람과 더불어

우리가 기도에서 발견하는 것 중 하나는, 우리가 하나님께 가까이 가면 갈수록 우리가 모든 인류 가족의 형제 자매들에게 그만큼 가까이 간다는 것이다. 하나님은 나만의 하나님이 아니다. 우리의 내면의 성소에 계시는 하나님은 다른 모든 사람들의 내면의 성소에도 계시는 하나님이시다.

우리가 자신의 마음 속에서 하나님의 임재를 인식한다면, 우리는 다른 이들의 마음 속에서도 그 임재를 인식할 수 있다. 거하실 처소로 우리를 택하신 하나님은 우리에게 다른 이들 속에 거하시는 하나님을 볼 수 있는 눈을 주시기 때문이다. 우리가 우리 자신 속에서 귀신만을 본다면, 우리는 다른 이들 속에서도 귀신들만 보게 된다.

그러나 우리가 우리 안에서 하나님을 볼 때, 우리는 다른 이들 속에서도 하나님을 볼 수 있다. 이것은 다소 이론적으로 들릴지 모른다. 그러나 우리가 기도할 때 스스로를 그 거룩한 빛을 누리도록 우리 모두를 창조하신 하나님에 의해 무한하게 연결된 하나의 인류 가족의 일부로서 경험하게 될 것이다.

우리는 종종 우리가 다른 이들을 위해, 특히 심한 곤경에 처한 사람들을 위해 무엇을 할 수 있을지 의아해 한다. "우리가 서로를 위해 기도한다"는 것은 무력함의 표시가 아니다. 무엇보다 서로를 위해 기도하는 것은 하나님 앞에서 우리가 동일한 하나님의 자녀로서 한 가족임을 인정하는 것이다. 이러한 인식이 없다면 우리가 다른 이들을 위해 하는 일은 우리의 참된 자아에서 나오는 것이 아니다. 우리는 경쟁자가 아닌 형제이자 자매이다. 우리는 다른 신들의 열렬한 추종자들이 아니라 한 분 하나님의 자녀들이다.

기도하는 것, 즉 우리를 "사랑하는 자"라고 부르시는 그분의 음성에 귀를 기울이는 것은 그 음성이 아무도 배제하지 않는다는 것을 배우는 것이다. 내가 거하는 곳에 하나님은 나와 함께 거하시며, 하나님이 나와 함께 거하시는 곳에서 모든 형제자매들을 만난다. 그러므로 하나님과의 친밀함과 모든 사람들과의 유대는 현재에 거하는 것이 지닌 분리될 수 없는 두 국면이다.

일곱.
삶의 바퀴

　네덜란드에서는 아직도 큰 마차 바퀴를 많이 볼 수 있다. 대게 그것은 실제 마차에 달린 것이 아닌 농가의 입구나 음식점의 벽에 장식되어 있다. 넓은 테와 나무로 된 튼튼한 바퀴살과 중앙의 큰 바퀴통을 가진 이 마차 바퀴는 언제나 나를 매료시킨다. 이 바퀴를 통해 중앙에서 사는 삶의 중요성을 배운다. 내가 바퀴의 테를 따라 움직일 때, 나는 이 바퀴살에서 다른 바퀴살로 옮겨 갈 수 있다. 그러나 내가 바퀴통에 있으면, 나는 한 번에 모든 바퀴살과 접촉한다.

　기도하는 것은 삶과 사랑의 중심부로 가는 것이다. 내가 삶의 바퀴통에 가까이 다가갈수록, 나는 그것으로부터 힘과 에너지를 받는 모든 것들에게 더 가까이 간다. 나는 삶의 많은 바퀴살들에 의해 산만해져서, 바쁘면서도 생명을 주지 못하고, 모든 곳에 있으면서도 한 곳에도 집중하지 못하는 경향이 있다.

그러나 삶의 중심부에 주의를 쏟을 때, 중심에 있으면서도 삶의 다양함과 연결된다. 이 바퀴통은 무엇을 의미할까? 나는 그것을 나 자신의 마음과 하나님의 마음과 세상의 마음으로 생각한다. 내가 기도할 때, 나는 나 자신의 마음속 깊이 들어가며, 거기서 사랑을 말씀하시는 하나님의 마음을 발견한다. 그리고 바로 거기서 나의 모든 형제와 자매들이 서로 연합되어 있는 곳을 알게 된다. 영적인 삶의 위대한 역설은 가장 개인적인 것이 가장 우주적이며, 가장 친밀한 것이 가장 공동적이며, 가장 사색적인 것이 가장 활동적이라는 사실이다.

마차 바퀴의 바퀴통은 전혀 움직이지 않는 것처럼 보일 때도, 모든 에너지와 움직임의 중심을 이룬다. 하나님 안에서 모든 행동과 모든 휴식은 하나이다. 기도도 마찬가지이다.

Here and **Now**
02.

기쁨

하나.
기쁨과 슬픔

　기쁨은 영성 생활에 반드시 필요한 것이다. 기쁨이 없을 때에는, 우리가 하나님에 관해 어떤 말과 생각을 해도, 우리의 말과 생각과 열매를 맺을 수 없다. 예수님은 그의 기쁨이 우리의 것이 되고 우리의 기쁨이 충만하게 하기 위해 우리에게 하나님의 사랑을 보여주신다. 기쁨은 우리가 무의식적으로 사랑받고 있다는 것, 그리고 질병이나 실패나 우울함이나 압제, 전쟁이나 죽음 등 그 무엇도 그 사랑을 빼앗을 수 없다는 것을 아는 것이다.

　기쁨은 행복과 같은 것이 아니다. 우리가 많은 일에 있어서 불행할 수 있으나 기쁨은 여전히 그 안에 있을 수 있다. 이는 그것이 우리를 사랑하시는 하나님의 사랑을 아는 것에서 나오기 때문이다. 흔히 슬플 때에는 기뻐할 수 없다고 생각한다. 그러나 하나님 중심의 삶을 사는 사람에게 있어서 슬픔과 기쁨은 공존한다. 그것을 이해하는 것이 쉽지는 않을 것이다.

그러나 우리가 아기의 탄생이나 친구의 죽음과 같은 우리의 가장 깊은 생의 경험에 대해 생각할 때, 큰 슬픔과 큰 기쁨은 종종 동일한 경험에 속한 것을 느낀다. 우리는 종종 슬픔의 한 가운데에서 기쁨을 발견한다. 나는 삶의 가장 고통스러운 순간에 내 자신보다 훨씬 더 큰 영적 실재를 지각하곤 했다. 그 실재는 나로 하여금 소망을 가지고 그 고통을 이기게 한다.

나는 "나는 슬픔 속에서 기쁨을 찾았습니다"고 말할 수 있다. 그러나 영성 생활에서 자동으로 일어나는 일은 없다. 기쁨은 우리에게 그냥 오는 것이 아니다. 우리가 매일 계속하여 기쁨을 선택해야 한다. 그것은 우리가 하나님께 속하며 하나님이 우리의 피난처와 요새가 되시며, 심지어 죽음까지도 우리에게서 하나님을 빼앗을 수 없다는 것을 아는 데 근거한 선택이다.

둘.
선택

    기쁨이 우리의 선택의 결과라는 말이 이상하게 들릴 수 있다. 우리는 종종 어떤 사람들이 다른 사람들보다 더 운이 좋으며, 그들의 기쁨이나 슬픔은 사람들이 통제할 수 없는 삶의 환경 때문이라고 생각한다.

    그러나 우리는 선택할 수 있다. 그 선택은 우리의 삶의 환경과 연관된다기 보다, 우리가 그 환경에 대응하는 방법과 연관된다. 두 사람이 똑같은 사고의 피해자가 될 수 있다. 한 사람에게 있어 그것은 분개의 이유가 되나, 다른 사람에게 있어 그것은 감사의 이유가 된다. 외적인 환경은 동일하나, 반응의 선택은 서로 전혀 다르다. 어떤 이들은 나이가 들면서 비통함을 느끼기도 한다.

    반면에 다른 이들은 나이가 들면서 기쁨에 넘친다. 그것은 비통해지는 사람들의 삶이 기쁨에 넘치는 사람들의 삶보다 힘들었음을 의미하는 것이 아니다. 그것은 그들이 서로 다른 선택, 내적인 선택, 마음의 선택을 했다는 것을 의미한다.

삶의 모든 순간에 우리가 기쁨을 선택할 기회를 가진다는 것을 깨닫는 것이 중요하다. 삶은 많은 면을 지닌다. 우리의 삶은 언제나 슬픔과 기쁨의 양면을 가지고 있다. 그리고 우리는 언제나 분개할 이유로 순간을 살 것인지, 아니면 기뻐할 이유로 순간을 살 것인지 선택할 자리에 서게 된다. 그 선택에 우리의 참 자유가 있다. 그 자유는 궁극적으로 사랑할 수 있는 자유이다.

기쁨을 선택할 수 있는 능력을 어떻게 배양할 수 있는지 스스로 질문해 보는 것도 좋은 일이다. 아마 우리는 하루가 끝나는 마지막 순간에, 오늘 하루 무슨 일이 일어났든지에 상관없이 감사할 수 있는 날로 기억하기를 결심할 수 있을 것이다. 그렇게 할 때 우리는 기쁨을 선택할 수 있는 우리의 마음의 능력을 증가시킨다.

그리고 우리의 마음이 즐거워질 때, 우리는 특별한 노력 없이도 다른 이들을 위한 기쁨의 근원이 될 수 있다. 슬픔이 슬픔을 낳듯이, 기쁨 또한 기쁨을 낳는다.

셋.
태양과 구름

슬픔이 전염되듯이 기쁨도 전염된다. 나에게는 기쁨을 발산하는 친구가 있다. 그것은 그의 삶이 편안해서가 아니라, 그가 그 자신이나 다른 사람들이 겪는 모든 인간적 고통의 한복판에서 습관적으로 하나님의 임재를 인식하기 때문이다. 그는 어디에 가든지, 누구를 만나든지간에 아름다운 것과 감사할 이유를 보고 듣는다. 그는 자신을 둘러싼 커다란 슬픔을 부인하지 않는다. 그가 그와 동일한 인간들의 고뇌와 신음을 보고 듣지 못하는 것도 아니다. 다만 그의 영이 어둠 속에서 빛을 향하여, 절망의 부르짖음의 한복판에서 기도를 향해 끌릴 뿐이다.

그의 눈은 인자하고 음성은 부드럽다. 그에게 감상적인 곳이라곤 전혀 없다. 그는 지극히 현실적이다. 그러나 그는 깊은 신앙으로 인해 소망이 절망보다 실제적이며, 신앙이 불신보다 실제적이며, 사랑이 두려움보다 실제적이라는 것을 안다. 그를 그토록 기쁨에 넘치는 사람으로 만드는 것은 바로 이 영적 현실주의이다.

그를 만날 때 나는 언제나 전쟁, 굶어 죽어가는 어린이들, 정치의 부패, 사람들의 기만 등에 주의를 돌리게 함으로써 그에게 인간의 구제 불가능성을 느끼게 만들고 싶은 유혹을 받는다. 그러나 내가 그렇게 할 때마다 그는 부드럽고 연민이 가득한 눈으로 나를 바라보면서 "나는 두 어린이가 서로 빵을 나누어 먹는 것을 보았다네. 그리고 누군가가 한 여인에게 이불을 덮어 주었을 때, 그 여인이 미소 띤 얼굴로 '고맙습니다' 라고 하는 것을 들었다네. 가난하지만 이런 순수한 사람들은 나에게 나의 삶을 살 새로운 용기를 준다네"라고 말하곤 했다.

내 친구의 기쁨은 전염된다. 내가 그와 오래 있으면 있을수록, 나는 구름 사이를 뚫고 비치는 햇빛을 더 많이 보게 된다. 그렇다. 비록 하늘이 구름으로 덮여 있지만, 나는 그 위에 태양이 있다는 것을 안다. 나의 친구는 항상 태양에 관해 말하는 반면, 나는 구름을 볼 수 있게 하는 것이 태양이었다는 사실을 깨달을 때까지 계속 구름에 대해 말했던 것이다. 구름 낀 하늘 아래를 걸으면서 태양에 관해 말하는 사람들은 소망의 사자들이다. 그들은 우리 시대의 참된 성도들이다.

넷.
기쁨으로 놀라다

　우리는 기쁨으로 놀라는가, 아니면 슬픔으로 놀라는가? 우리가 사는 이 세상은 슬픔으로 우리를 놀래키기를 원한다. 신문은 끊임없이 교통 사고와 살인과 개인과 집단과 민족 사이의 갈등에 대해 말하고, TV는 증오와 폭력과 파괴의 영상들로 우리의 머리를 메운다. 그리고 우리는 서로에게 "그 소식을 들었어요? 그것을 보았나요? 지독하지 않아요? 누가 그것을 믿겠어요?"라는 말을 한다.

　실로 어둠의 세력은 계속하여 우리를 인간의 슬픔으로 놀래키기를 원하는 것 같다. 이런 놀라움들은 우리를 마비시키고 우리를 속여서 슬픔의 바다 한 가운데서 살아 남는 것만을 우리 삶의 주된 관심사로 여기게 한다. 우리는 자신을 한 조각의 부목(浮木)에 불안하게 의지한 난파선의 생존자로 여김으로써, 차츰 삶의 잔인한 환경들이 만든 불운한 희생자의 역할을 수용하게 된다.

믿음의 위대한 도전은 기쁨으로 놀라는 것이다. 언젠가 나는 저녁 식탁에 친구들과 함께 앉아 우리 나라의 경기 침체에 대해 이야기하고 있었다. 우리는 상태가 악화될 뿐이라는 사실을 수긍하게 만드는 통계 자료들을 끊임없이 들먹거리고 있었다. 그때 갑자기 우리 중 한 사람의 네살짜리 아들이 문을 열고 뛰어 들어오면서 "아빠! 아빠! 내가 마당에서 새끼 고양이를 찾았어요…봐요! 너무 너무 귀엽죠?"라고 말했다. 그 아이는 손으로 새끼 고양이를 쓸어 주고 자기 얼굴에 부볐다. 순간 모든 것이 변했다. 그 어린 소년과 새끼 고양이가 모든 관심의 초점이 되었다. 미소와 부드러운 말들이 오고 갔다. 우리는 기쁨으로 놀랐던 것이다!

하나님은 거센 세상 한 가운데서 한 어린아이가 되셨다. 우리가 기쁨으로 놀랄 것인가? 아니면 계속하여 "얼마나 좋고 사랑스러운 이야기인가? 하지만 현실은 그렇지 않아"라고 말할 것인가? 그 아이가 우리에게 진실로 실제임을 보여준다면 어떻게 할 것인가?

다섯.
기쁨과 웃음

　돈과 성공이 우리를 기쁘게 만드는 것이 아니다. 사실상 부유하고 성공한 많은 사람들은 염려하고 두려워하며, 때로는 매우 우울해진다. 이와 대조적으로 가난한 사람들은 매우 쉽게 웃으며 종종 큰 기쁨을 나타낸다. 기쁨과 웃음은 하나님 앞에 살며 내일 일에 대해 염려할 필요가 없다는 것을 믿는 믿음의 선물이다.

　나는 언제나 부유한 사람들이 많은 돈을 가지고 있는 반면, 가난한 사람들은 많은 시간을 가지고 있는 것을 볼 수 있다. 시간이 많을 때 삶은 축하받을 수 있다. 가난을 낭만적으로 표현할 이유는 전혀 없다. 그러나 세상이 제공할 수 있는 모든 좋은 것들을 가진 사람들이 두려움과 염려에서 헤어나지 못하는 것을 볼 때, 나는 예수님의 "부자는 천국에 들어가기가 어려우니라"는 말씀을 이해할 수 있다.

돈과 성공이 문제가 되는 것은 아니다. 문제는 현재 하나님을 만날 수 있고 삶을 그 자체의 아름다움과 선 안에서 들어올려 줄 수 있는 자유롭고 여유있는 시간이 없다는 것이다. 함께 놀고 있는 어린아이들은 우리에게 단순히 함께 있는 것의 즐거움을 보여준다. 어느 날 내가 매우 존경하는 화가를 인터뷰하고 있을 때, 그녀의 다섯살짜리 딸이 내게로 와서 "내가 모래로 생일 케익을 만들었어요. 아저씨가 와서 그것을 맛있게 먹는 시늉을 해주세요. 그러면 굉장히 재미있을 거예요"라고 말했다.

그 아이의 어머니가 미소를 띠며 "나와 이야기하기 전에 저 아이와 노는 것이 더 나을 거에요. 아마 저 애가 나보다 더 많은 것을 당신에게 가르쳐 줄거예요"라고 했다.

어린아이의 단순하고 직접적인 기쁨은 우리로 하여금 하나님이 미소와 웃음이 있는 곳을 찾으신다는 것을 생각하게 한다. 미소와 웃음은 천국의 문을 열어준다. 그것이 바로 예수님이 우리에게 어린아이와 같아야 한다고 요구하신 이유이다.

여섯.
우리는 희생자가 아니다

    기쁨으로 놀라는 것은 순진한 낙관주의와는 전혀 다르다. 낙관주의는 내일은 모든 것이 더 나아질 것이라고 믿는 태도를 말한다. 낙관주의자는 "전쟁은 끝날 것이며, 상처는 아물기 마련이며, 경제 침체는 회복될 것이며, 유행병은 멈출 것이다… 모든 것이 곧 좋아질 것이다"라고 말한다. 낙관주의자가 옳을 수도 있고 틀릴 수도 있다. 그러나 옳든 그르든, 그 사람은 그 상황을 지배하지 못한다.

    기쁨은 세상의 상태를 긍정적으로 예견하는 데서 오는 것은 아니다. 그것은 우리 삶의 환경의 부침(浮沈)에 달려 있지 않다. 기쁨은 세상이 어둠으로 덮여 있을지라도 하나님이 세상을 이기셨다는 영적 지식에 근거한다. 예수님은 "세상에서는 너희가 환난을 당하나 담대하라 내가 세상을 이기었노라"고 분명하게 말씀하셨다. 그 놀라움은 일이 기대했던 것보다 잘 풀린다는 것이 아니다. 참된 놀라움은 하나님의 빛이 모든 다른 어둠보다 더욱 실제적이며, 하나님의 진리가 모든 인간의 거짓말보다 더욱 유력하며, 하나님의 사랑이 죽음보다 강하다는 것이다.

세상은 악한 자의 손 안에 있다. 실로 어둠의 권세가 세상을 지배한다. 우리는 주변의 인간의 고통과 고뇌를 볼 때 놀라지 말아야 한다. 그보다는 최후의 결정이 악한 자에게 있는 것이 아니라 하나님께 있는 것을 볼 때마다 그 기쁨으로 놀라야 한다.

하나님의 선하심의 충만이 세상에 들어와 악한 자와 대결함으로써, 우리가 세상에서 더 이상 희생자가 아니라 소망으로 인도받는 자유인들로 살 수 있는 길이 열리게 되었다.

일곱.
소망의 열매

    기쁨과 소망은 밀접한 관계에 있다. 낙관주의는 우리로 하여금 마치 금방 만사가 다 잘될 것처럼 행동하게 하는 반면, 소망은 미래를 예고할 필요에서 우리를 자유롭게 한다. 그것은 하나님이 결코 우리를 홀로 버려두지 않으시며 우리 마음의 가장 깊은 소원을 이루어 주시리라는 깊은 신뢰와 더불어, 우리를 현재에 살게 한다.

    이런 관점에서 보면, 기쁨은 소망의 열매이다. 오늘 하나님께서 참으로 나와 함께 하시며 나를 그의 품에 안전히 거하게 하시며 나의 걸음 걸음을 인도하신다는 것을 깊이 믿을 때, 나는 내일이 어떠할 것이며 다음 달 혹은 다음 해에 무슨 일이 일어날 것인가에 대한 염려를 버릴 수 있다. 그리고 지금 내가 있는 곳에 완전히 거하며, 내 속에 그리고 내 주변에 있는 하나님의 사랑의 많은 표식에 주의를 기울일 수 있다.

우리는 종종 "지나간 좋은 시절"에 대해 이야기한다. 그러나 우리가 그것을 비판적으로 생각하고, 낭만적으로 여기던 추억들의 실체를 벗긴다면, 우리는 곧 그 시절에도 역시 우리가 미래에 대해 많은 걱정을 했다는 것을 알게 된다.

오늘이 바로 주님의 날이며 내일은 하나님의 사랑 속에 안전하게 감추어져 있다는 것을 깊이 신뢰할 때, 우리는 긴장을 풀고 비로소 우리를 향해 웃으시는 그분에게 미소로 답할 수 있다.

언젠가 나는 친구와 함께 해변을 거닐고 있었다. 우리는 우리의 관계에 대해 심각하게 이야기하면서, 서로에게 자신을 설명하고 서로의 기분을 이해하려고 애썼다. 우리는 상호 갈등에 너무도 마음을 빼앗긴 나머지 넓고 고요한 해변가에 부서지는 파도 위로 그윽한 빛깔의 장관을 펼치는 석양의 장엄함을 보지 못하고 있었다. 갑자기 나의 친구가 소리질렀다. "저것 좀 봐… 저 태양!"

그는 팔로 내 어깨를 감싸 안은 채 아른거리는 불덩이가 드넓은 대양의 수평선 아래로 서서히 가라앉는 것을 바라보았다. 그 순간 우리는 둘 다 소망과 기쁨을 느끼게 되었다.

여덟.
소원이 아닌 소망

    기쁨과 소망은 서로 분리될 수 없다. 나는 소망이 넘치는 사람이 우울해 하는 것이나 기쁨이 넘치는 사람이 절망하는 것을 한 번도 보지 못했다. 그러나 소망은 소원과는 다르며, 기쁨은 행복과는 다르다. 우리는 날씨가 바뀌거나 전쟁이 끝나기를 소원하거나 좋은 직장을 얻으며 더 나은 보수를 받기를 소원한다. 그리고 소원하는 것을 얻을 때, 우리는 행복하다.

    그러나 소망과 기쁨은 영원한 사랑으로 우리를 사랑하시며 언제나 우리에게 신실하신 그분과의 친밀한 관계에 근거한 영적 선물이다. 우리의 많은 소원이 실현되지 않고 주위 환경으로 인해 그리 행복하지 않을 때조차도, 우리는 하나님께 소망을 두며 하나님의 임재를 기뻐한다.

    나의 삶에서 가장 소망스럽고 기쁨이 넘친 몇몇 순간들은 정서적으로 신체적으로 큰 고통을 겪을 때였다. 거부 당하거나 버림받을 때, 나는 "오직 주만이 나의 소망이요 나의 기쁨의 샘이다"라고 하나님께 부르짖지 않을 수 없었다. 내가 일상적인 것에 의지할 수 없게 되었을 때, 나는 참된 지지와 참된 안전은 세상의 구조물들 저 너머에 있다는 것을 발견하게 되었다.

　우리는 우리가 소망과 기쁨으로 여겼던 것들이 성공과 보상에 대한 이기적인 바램에 불과했다는 것을 깨달아야 한다. 이것은 고통스러운 깨달음이지만, 우리의 모든 소망과 기쁨의 참된 근원이신 그분의 품 안에 우리를 던질 수 있게 한다.

Here and Now
03.

고통 껴안기

하나.
고통을 껴안으라

　우리 주변의 세상에서 사람들은 기쁨과 슬픔을 철저하게 구분한다. 그들은 "우리는 즐거울 때 슬퍼할 수 없으며, 슬플 때 즐거워 할 수 없다"고 말한다. 사실상 현대 사회는 기쁨과 슬픔을 분리하기 위해 온갖 수단을 동원한다. 슬픔과 고통은 우리가 갈망하는 즐거움, 행복과는 반대되기 때문에, 우리는 무슨 수를 써서라도 그것들로부터 멀리 떨어져 있으려 한다.

　사망과 질병과 상처…이 모든 것은 우리가 갈구하는 행복을 방해하기 때문에, 우리는 그것들을 감추려 한다. 그것들은 삶의 목표에 이르는 것을 가로막는 장애물이다.

　그러나 예수님이 제시하신 비전은 이와 같은 세상의 시각과 첨예하게 대조된다. 주님은 그의 가르침과 삶 모두에서 참된 기쁨은 종종 우리의 슬픔의 한복판에 감추어져 있으며 삶의 환희는 큰 슬픔에서 시작된다는 것을 보여준다. 예수님께서는

"한 알의 밀이 땅에 떨어져 죽지 아니하면 한 알 그대로 있고… 너희가 너희의 생명을 잃지 아니하면 그것을 찾을 수 없으리라…인자가 죽지 아니하면 그가 성령을 보낼 수 없을 것이요"라고 말씀하셨다. 주님이 고난을 받으시고 돌아가셨으므로 낙심한 두 제자에게 나타나신 주님은 "미련하고 선지자들의 말한 모든 것을 마음에 더디 믿는 자들이여 그리스도가 이런 고난을 받고 자기의 영광에 들어가야 할 것이 아니냐"고 말씀하셨다.

여기에 완전히 새로운 삶의 방법이 계시된다. 그것은 고통당하고자 하는 바램에서가 아니라, 고통 속에서 무언가 새로운 것이 탄생된다는 것을 앎으로써 그 고통을 포용할 수 있는 방법이다. 예수님은 우리의 고통을 "해산의 고통"이라 하셨다: "여자가 해산하게 되면 그 때가 이르렀으므로 근심하나 아이를 낳으면 세상에 사람 난 기쁨을 인하여 그 고통을 다시 기억치 아니하느니라"(요 16:21).

십자가는 이 새로운 비전의 가장 강한 상징이 되었다. 십자가는 죽음과 생명, 고통과 기쁨, 패배와 승리의 상징이다. 우리에게 그 길을 보여주는 것도 바로 그 십자가이다.

둘.
비석 위에 차린 음식

 새 생명을 낳게 될 것을 믿으면서 고통을 수용하는 것은 매우 어려운 일이다. 그럼에도 불구하고 예수님이 보여주신 길의 진리를 입증하는 경험들이 있다. 한 가지만 살펴보기로 하자. 몇 해 전 내 친구의 남편이 심장마비로 갑자기 세상을 떠났다. 나의 친구는 어린 두 아이들을 장례식에 참석시키지 않기로 결정했다. 그녀는 아버지가 땅 속에 묻히는 것을 보는 것이 아이들에게 견디기 힘든 일이 될 것이라고 생각했던 것이다.
 친구의 남편이 죽은 후 여러 해 동안 묘지는 여전히 아이들에게 무섭고 위험한 장소로 남아 있었다. 그러던 어느 날 친구는 나에게 자기와 함께 무덤에 가자고 부탁하였다. 아이들도 함께 가기로 했다. 그러나 큰 딸은 너무 무서워 해서 함께 가지 못했고, 작은 아이만 우리와 함께 갔다. 우리들은 비석이 있는 잔디에 앉았다. 비석에는 "친절하고 온유한 사람"이라고 새겨져 있었다.

　우리는 먼저 간 이 사람을 추모했다. 나는 "아마 언젠가 우리는 여기에 소풍을 와야 할 것 같아요. 이곳은 죽음에 대해 생각할 장소일 뿐 아니라 우리의 생명을 기뻐할 수 있는 장소이다. 남편이 가장 존귀하게 되는 것은 우리가 여기서 새로운 삶의 용기를 얻을 때라고 생각해요"라고 했다.

　비석 위에 음식을 차려 놓고 먹는다는 것이 처음에는 이상했지만 그것은 바로 예수님이 그의 제자들에게 그를 기억하여 빵과 포도주를 나누도록 하신 바로 그것이 아닌가?

　며칠 후에 내 친구는 큰 딸을 데리고 무덤에 갔다. 작은 아이는 누나에게 그곳에는 무서운 것이 아무 것도 없다고 누누이 설명했다. 이제 그 가족들은 자주 묘지를 찾으며 아빠에 관한 이야기를 한다. 그들에게는 더 이상 낯설지 않은 아빠가 되었다. 오히려 돌아가신 아빠는 새로운 친구가 되었으며, 그들은 아빠의 무덤에 찾아가는 것을 기다리게 되었다.

　슬픔의 눈물과 기쁨의 눈물이 너무 동떨어져서는 안된다. 우리가 자신의 고통과 친구가 될 때—혹은 예수님의 말씀대로 "자기의 십자가를 질 때"—우리는 실로 부활이 가깝다는 것을 알게 된다.

셋.
연약한 자들과의 사귐

　우리의 슬픔과 친근하게 되는 매우 중요한 방법 하나는 그것을 고립시키지 않고 그것을 받아줄 수 있는 누군가와 함께 나누는 것이다. 너무도 많은 고통이 우리 안에 감추어져 있다. 우리는 외로울 때 가까운 친구를 찾아가서 "나는 외로워. 네가 나와 함께 있으면서 도와주면 좋겠어"라고 말하는가? 불안하거나 화나거나 마음이 아플 때, 친구에게 가서 우리와 함께 있으면서 고통을 나누어 달라고 부탁할 수 있는가?

　우리는 흔히 "내 문제로 친구를 괴롭히고 싶지 않아. 그들 자신의 문제만으로도 골치가 아플 텐데"라고 생각한다. 그러나 우리가 자기의 갈등을 친구들에게 맡김으로써, 우리는 그들을 존귀하게 만든다. 우리 역시 두려움이나 수치의 감정을 우리에게 숨긴 친구에게 "왜 나에게 말하지 않았니? 왜 그렇게 오랫동안 그것을 비밀로 했어?"라고 말하지 않는가? 모든 사람이 우리의 감추인 고통을 받아줄 수 있는 것은 아니다. 그러나 만약 우리가 진실로 영적으로 성숙하기를 원한다면, 하나님은 우리에게 필요한 친구를 보내주실 것이다.

우리의 고통의 많은 부분은 고통스러운 상황에서보다 고통 중에서 느끼는 우리의 고립감에서 비롯된다. 알코올이든 마약이든 성(性)이든 음식이든 중독으로 크게 고통하는 많은 사람들은 그들의 고통을 다른 이들에게 털어놓고 그들이 진실로 자기들의 말을 들어주는 것을 알게 될 때, 비로소 진정한 위안을 느낀다. 많은 재활 프로그램들은 고통을 함께 나누는 것이 치료의 시작이라는 것을 강력히 증언한다.

여기서 우리는 슬픔과 기쁨이 얼마나 밀접한지 볼 수 있다. 내가 더 이상 홀로 싸우는 것이 아니며 "연약함 안에서의 교제"를 새롭게 경험하기 시작할 때, 슬픔의 한가운데서 참 기쁨이 솟아날 수 있다. 그러나 우리의 고립을 벗어나기는 쉽지 않다.

어쨌건 우리는 자신의 문제를 스스로 해결하려 한다. 그러나 하나님이 우리에게 서로를 주신 것은 상호 사랑의 공동체를 이루어 가게 하기 위함이다. 그곳에서 우리는 기쁨이 다른 이들만을 위한 것이 아니라, 우리 모두를 위한 것이라는 사실을 발견할 수 있다.

넷.
개인주의 초월

우리가 겪고 있는 고립의 대부분은 우리 스스로가 선택한 것이다. 우리는 다른 사람에게 의지하기를 좋아하지 않는다. 가능하면 언제나 우리는 스스로 상황을 통제하고 스스로 결정을 내릴 수 있다는 것을 자신에게 보여주려고 애쓴다. 이 자기-의뢰는 많은 매력을 지닌다. 그것은 우리에게 자신감을 주며, 우리를 신속히 움직이게 하고, 스스로 주인이 되는 만족감을 누리게 하며, 많은 보상과 대가를 약속한다. 그러나 이 자기-의뢰의 이면에는 고독과 소외, 그리고 삶에서 성공하지 못하는 데 대한 끊임없는 두려움이 있다.

나는 개인주의의 보상뿐 아니라 형벌도 경험하였다. 대학 교수로 있을 때 생산적이고 인기있는 선생이었으며 많은 시련을 거쳐 학문적 진보도 이루었다. 그러나 그 모든 것의 마지막에 다다랐을 때 공허함을 느끼게 되었다. 나는 공동체에 대해 말할 때 많은 칭송을 받았음에도 불구하고, 실제로 누구에게도 진실로 속하지 못하였다는 것을 느꼈다.

기도의 중요성을 설득력있게 강의하면서도 나 자신은 고요히 기도할 수 없었다. 성령 안에서 자라기 위해 서로 고백하고 연약함을 감싸주는 것을 가르쳤지만, 나 자신의 명예가 걸린 일에 대해서는 나도 모르게 방어적으로 변했다. 교수들도 일자리를 잃기를 원치 않기 때문에 치열한 경쟁을 해야 했다.

긍휼을 설교하는 사람들의 경우도 마찬가지였다. 긍휼을 삶의 중심으로 삼고, 다른 사람들에 대해 개방적이고, 자신의 연약함을 인정하고, 공동체 생활이 중심이 되고, 기도가 삶의 호흡이 되기 위해서 필요한 것은, 우리 자신과 다른 사람들 사이에 쌓아놓은 무수한 벽을 허무는 일이다. 이것은 일생 동안 행하는 힘들고 어려운 싸움이었다. 한편 우리들은 벽들을 허물면서 다른 한편으로 새로운 벽들을 쌓는다.

대학을 떠나 공동체 삶을 살기로 선택한 이후 나는 공동체 안에도 개인주의의 놀이를 할 수 있는 무수한 방법들이 있다는 것을 깨달았다. 실로 참된 회심은 장소의 변화 이상의 것을 요구한다. 그것은 마음의 변화를 요구한다.

다섯.
연합에 대한 갈망

우리가 실제로 갈망하는 것은 무엇인가? 나 자신은 물론 다른 이들의 가장 깊은 갈망에 귀 기울여보면, 인간의 마음의 갈망을 가장 잘 요약할 수 있는 말은 "연합"이라 생각한다. 연합은 "더불어 하나됨"을 뜻한다. 하나님은 우리에게 완전한 연합을 이루기까지 결코 안식할 수 없는 마음을 주셨다. 우리는 이러한 연합을 우정에서, 결혼에서, 공동체에서 찾는다. 우리는 그것을 성적인 관계에서, 황홀의 순간에서, 우리의 재능을 인식하는 데서 찾는다. 우리는 그것을 성공과 존경과 보상을 통해 찾는다. 그러나 우리가 어디에서 찾든지간에, 우리가 찾는 것은 연합이다.

올림픽 경기장에서 육만 명 이상의 사람들이 박수 갈채를 보내고 수백만 명의 사람들이 텔레비전으로 지켜보는 가운데 상을 받는 금메달 수상자들의 얼굴에서 나는 그 연합의 경험을 엿본다. 그들은 그 동안 불굴의 열정으로 추구했던 사랑을 마침내 받는 것 같이 보이다. 그러나 그들은 얼마나 빨리 잊혀질 것인가! 4년, 8년, 혹은 12년 후에 그들이 섰던 그 승리의 단상에 다른 사람들이 오를 것이다. 그들의 짧은 영광의 순간을 기억하는 이는 과연 몇 명이나 될 것인가?

그러나 연합에의 갈망은 여전히 남아있다. 그것은 하나님이 주신 갈망이다. 그것은 엄청난 기쁨뿐 아니라 엄청난 고통도 야기하는 갈망이다. 예수님은 연합에 대한 우리의 갈망이 헛되지 않으며, 그것이 우리에게 그 갈망을 주신 바로 그분에 의해 성취될 것을 선포하시기 위해 오셨다. 지나가는 연합의 순간들은 하나님께서 우리에게 약속하신 그 연합을 암시해주는 것에 불과하다.

우리가 직면해 있는 진정한 위험은 연합에 대한 우리의 갈망을 의심하는 것이다. 이 갈망은 하나님이 주신 것이며, 이것이 없다면 우리의 삶은 활력을 잃어버리고 우리 마음은 차가워질 것이다. 진정한 영적 생활은 모든 갈망의 모태이신 그분의 품 안에서 안식할 때까지 결코 안식하지 못하는 삶이다.

여섯.
상처를 딛고 일어서는 힘

　우리 인간에게는 많은 고통이 있다. 우리의 깊은 고통의 많은 부분은 우리와 우리를 사랑하는 이들과의 관계에서 비롯된다. 나는 나의 깊은 고뇌와 번민이 신문에서 읽거나 텔레비전에서 본 무시무시한 사건들이 아니라 나와 하루하루를 같이 사는 사람들과의 관계에서 온다는 것을 깨닫는다. 나를 사랑하고 나에게 매우 가까운 그 사람들이 또한 나에게 상처를 주는 사람들이기도 한다.

　나이가 들면서 우리는 종종 우리가 언제나 사랑만 받은 것이 아님을 깨닫는다. 우리를 사랑한 이들은 때때로 우리를 이용하기도 했다. 우리를 돌봐준 이들이 때로 우리를 질투하기도 하였다. 우리를 보호해준 이들이 결정적인 순간에 우리를 소유하기를 원하기도 했다. 종종 우리는 자신이 어떻게 얼마나 상처를 입었는지 밝혀낼 필요를 느낀다. 그리고 우리가 받은 사랑이 우리가 생각한 만큼 순수하고 단순하지 않았다는 것을 발견하고 놀라움을 금치 못한다.

이런 것들을 밝히는 것은 중요한다. 특히 우리가 두려움과 염려와 우리가 이해하지 못하는 어두운 충동들로 무력감을 느낄 때 더욱 그러하다.

그러나 우리의 상처를 아는 것만으로 충분하지는 않다. 궁극적으로 우리는 상처를 딛고 일어설 자유, 그리고 우리에게 상처를 입힌 자들을 용서할 수 있는 용기를 찾아야 한다. 진정한 위험은 분노와 분개에 고착된 채 거기서 헤어나지 못하는 것이다. 그러면 우리는 "상처입은 자"로 살게 되며, 인생은 "공평하지 않다"고 불평할 것이다.

예수님은 이러한 자기 파괴적인 불평에서 우리를 구원하시기 위해 오셨다. 예수님은 "불평을 버리고 너를 사랑하지 않은 자들을 용서하라. 거부당한 감정을 딛고 일어서며, 네가 허무의 심연이 아니라 너의 모든 상처를 치료해 줄 하나님의 사랑의 안전한 품에 들어가게 될 것을 담대하게 믿으라"고 말하셨다.

일곱.
소명에 충실하는 것

 텔레비전에서 소말리아의 굶주린 어린이들의 피골이 상접한 모습을 보면서 그들을 돕기를 원한다. 신문에서 보스니아의 모슬렘들이 세르비아인들의 무자비한 공격을 피해 살아남으려고 필사적으로 도피하는 기사를 읽으면서 이들을 위해 무언가 하기를 원한다. 남아프리카 공화국의 넬슨 만델라가 대규모 집회들을 인도하면서 진정한 민주주의를 수용하도록 정부에 압력을 가하는 것을 보면서 그를 후원하기를 원한다. 북 아일랜드에서 가톨릭 교인들과 개신교인들이 계속하여 서로를 살상하는 것을 보면서 그 수치스러운 상황에 어떻게 대처해야 할지 고민한다.

 과테말라 소롤라 교구의 주교 대리인 나의 친구 존 베시가 나에게 인디언 말살이 아직도 계속되고 있다고 말하는 것을 들으면서 나는 그곳에 가서 이 사그라들줄 모르는 불의에 항거하여

싸우는 그를 격려하고 싶은 충동을 느낀다.

워싱턴의 아담 모르간 지구에 있는 나의 친구들이 나에게 무주택자와 마약과 살인과 그 지역의 전반적 절망에 대해 말해주는 것을 들으면서 나는 그 모든 것에 대한 나의 책임으로 고민한다. 내가 사는 곳과 인근한 토론토에서 어른들은 물론 어린아이들까지 에이즈로 죽어가고 있는 것을 보면서 그들에게 어떻게 다가가야 하는지 끊임없이 자문한다.

세상에서의 인간의 고통에 대해 많이 생각하면 할수록, 나는 무능과 죄의식으로 내 자신이 마비되지 않게 하는 것이 얼마나 중요한가를 더욱 깨닫는다. 무엇보다 중요한 것은 나의 소명에 충실하는 것이다. 그것은 내가 하도록 부름받은 몇 가지 일들을 성실하게 감당하고, 그것들이 가져다주는 기쁨과 평화를 누리는 것이다.

나는 나를 절망으로 이끌어 희생자들 중 하나로 만들려는 어둠의 세력의 유혹을 거부해야 한다. 나는 시선을 예수님과 그를 따르는 자들에게 고정하고, 내가 나의 사명을 다하는 것이 이 세상에서 소망의 표시가 되는 것을 믿어야 한다.

여덟.
달라이 라마의 길

나는 달라이 라마 만큼 많은 고통을 겪은 사람을 보지 못했다. 티베트의 영적, 정치적 지도자인 그는 조국에서 추방 당했으며, 그 백성들이 당하는 조직적인 살인과 고문과 압제와 추방을 증언했다. 그러나 나는 그처럼 평화롭고 기쁨이 넘치는 사람을 아직 보지 못했다. 달라이 라마의 관대하고 순수한 웃음에는 그의 조국을 약탈하고 그의 백성을 살인한 중국인들에 대한 증오나 원한이 전혀 담겨 있지 않다. 그는 "그들도 역시 행복을 찾으려고 애쓰는 사람들이니 긍휼히 여겨야 한다"고 말했다. 어떻게 그처럼 박해를 받은 사람이 분노와 복수심으로 불타지 않는 것이 가능한가? 그런 질문을 받을 때 달라이 라마는 그의 백성과 그들을 압제하는 자들의 모든 고통이 그의 묵상에서 어떻게 그의 마음의 깊은 곳에 들어와 거기서 긍휼로 바뀌는지를 설명한다.

얼마나 위대한 영적 도전인가! 내가 보스니아와 남아프리카 공화국과 과테말라와 티베트의 사람들을 어떻게 도울 수 있을지 고민할 때, 달라이 라마는 이 세상 사람들의 모든 고통을 내 존재의 중심에 모으고 거기서 그것을 나의 긍휼한 사랑의 원료로 삼으라고 가르친다. 그것이 예수님의 길이 아닌가? 십자가에 달리시기 전에 그분은 "내가 땅에서 들리면 모든 사람을 내게로 이끌겠노라"고 말씀하셨다.

예수님은 모든 사람의 고통을 스스로 지셨고, 그것을 아버지께 드리는 긍휼의 선물로 만드셨다. 그것이야말로 우리가 따라야 할 길이다.

아홉.
사랑의 상처

    동물들은 우리에게 사랑과 긍휼을 가르친다. 사실 나는 애완동물—개, 고양이, 앵무새 등—에 대해 별로 흥미가 없다. 그러나 애완동물이 대화의 주제가 될 때, 기분이 내키지는 않지만 나의 어린 시절에서 가장 생생한 추억 중 하나가 2차 세계대전이 끝나던 해에 아버지가 나에게 주신 어린 염소와 관련된 사실을 고백하지 않을 수 없다. 그 염소의 이름은 월터였다. 그 때 나는 열세 살이었다. 우리가 살던 네덜란드의 지역은 큰 강으로 인해 연합군 군대들과 격리되어 있었다. 사람들이 굶주림으로 죽어 갔다.

    나는 이 어린 염소를 사랑했다. 나는 염소를 위해 시간 가는 줄 모르고 나무 열매들을 주워 모았고, 염소와 함께 산책하고, 장난치고, 염소의 두 뿔이 자라고 있는 곳을 눌러 주었다. 나는 염소를 안아 주었고, 그를 위해 헛간에 우리를 만들고, 그가 끌

수 있는 작은 나무 마차를 만들어 주었다. 아침에 일어나자마자 나는 염소에게 먹이를 주었고, 학교에서 돌아오면 즉시 먹을 것을 주고, 우리를 청소하면서 그에게 모든 것들을 이야기하였다. 사실 염소 월터와 나는 친한 친구가 되었다.

그런데 어느 날 아침 일찍 나는 염소 우리가 비어 있는 것을 보았다. 월터를 도둑맞은 것이다. 나는 그때만큼 심하게 또 오랫동안 울었던 기억이 없다. 나는 흐느끼다가 슬픔으로 비명을 질렀다. 아버지와 어머니는 나를 어떻게 위로해야 할지 몰라 안절부절 못하셨다. 그때 처음으로 나는 사랑과 상실에 대해 배웠다.

여러 해 후, 전쟁이 끝나고 식량이 충분해졌을 때 아버지는 우리집 정원사가 굶고 있는 그의 가족들에게 월터를 훔쳐 잡아먹었다고 말해 주셨다. 당시 아버지는 내가 슬퍼하는 것을 보셨고 월터를 훔쳐간 사람이 정원사라는 것을 아셨지만 그를 다그치지 않으셨다.

지금 나는 월터와 나의 아버지, 두 사람 모두 나에게 긍휼에 관해 무언가를 가르쳐 주었다는 것을 깨닫는다.

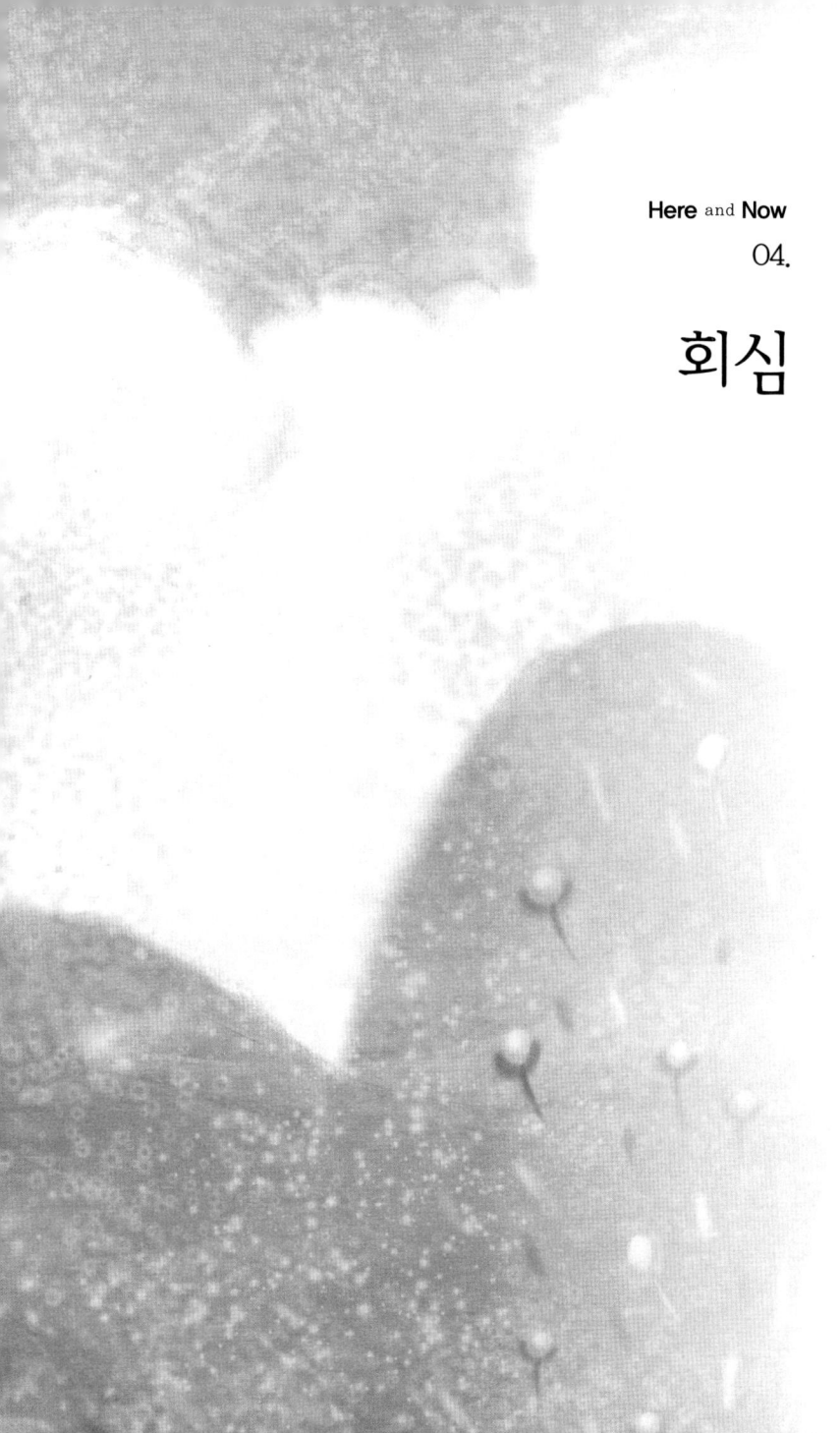

하나.
사랑의 영

 십년 전에는 내가 현재의 모습이 되어 있을 것을 전혀 상상하지도 못했었음을 인정하면서도, 나는 아직도 내가 자신의 삶을 주관할 수 있다는 망상을 간직하고 싶어한다. 나는 내가 무엇을 가장 필요로 하는지, 내가 다음에 무엇을 할 것인지, 내가 무엇을 이루기를 원하는지, 그리고 다른 이들이 나에 대해 어떻게 생각하는지 스스로 판단하기를 좋아한다. 나는 자신의 삶을 영위하는 데 쫓기면서 내가 지향하는 것과는 전혀 다른 방향을 가리키시는 내 안에 계신 하나님의 영의 부드러운 움직임을 눈치채지 못한다.

 이런 하나님의 역사하심을 알려면 많은 내적인 고독과 침묵이 필요하다. 하나님은 고함치거나 비명을 지르거나 떠밀지 않으신다. 하나님의 영은 세미한 소리나 가벼운 바람처럼 부드럽고 온유하다. 그분은 사랑의 영이시다. 아마 우리는 아직도 하나님의 영이 사랑의 영이며 언제나 우리를 사랑으로 더욱 깊이 인도하신다는 것을 충분히 믿지 않을 수 있다.

아마 우리는 아직도 우리가 자유를 빼앗기는 곳으로 가게 될까 두려워 성령을 불신할른지도 모른다. 아마 우리는 아직도 하나님의 영을 우리에게 유익하지 않은 것을 요구하는 원수로 생각할른지도 모른다. 그러나 하나님은 사랑, 유일한 사랑이시다. 그리고 그의 영은 우리의 마음의 가장 깊은 소원이 이루어질 수 있는 곳으로 우리를 인도하기를 원하시는 사랑의 영이시다. 종종 우리는 자기의 가장 깊은 소원이 무엇인지 알지 못한다.

우리는 정욕과 분노에 너무도 쉽게 휩싸여, 그것들이 우리가 실제로 원하는 것을 말해준다고 잘못 생각한다. 사랑의 영은 "너 스스로 너의 삶을 주관해야 한다는 생각을 두려워하지 말고 버리라. 나로 하여금 너의 마음의 진정한 소원을 이루게 하라"고 말씀하셨다.

둘.
회심

 "너희는 먼저 그의 나라와 그의 의를 구하라 그리하면 이 모든 것을 너희에게 더하시리라"는 예수님의 말씀은 부름받은 우리의 삶을 사는 최상의 방법을 요약한다. 그것은 우리의 마음을 하나님 나라에 두는 것이다. 그 나라는 우리가 가보길 원하는 먼 이국도 아니며, 죽은 후의 삶이나 유토피아도 아니다. 하나님 나라는 하나님의 영이 우리 안에 실제로 임재하셔서 우리가 진정으로 갈망하는 자유를 주시는 것이다. 그러므로 주된 질문은 "우리의 마음이 많은 일들로 꽉차 있는데, 어떻게 우리가 마음을 하나님 나라에 둘 수 있는가"이다. 여기에는 근본적인 마음의 변화가 필요하다. 그것은 하나님의 입장에서 우리의 실존을 경험하게 하는 변화이다.
 언젠가 나는 무언극에서 어떤 사람이 자기가 갇혀 있는 방의 문을 열려고 애쓰는 것을 보았다. 그 방에는 세 개의 문이 있었다. 그는 손잡이들을 밀고 당겼으나 그 중 어느 것도 열리지 않았다. 그는 발로 문들을 찼으나 소용이 없었다. 마침내 그는 온 힘을 다하여 몸으로 문에 부딪혀 보았다. 그러나 어느 것도 부서지지 않았다.

그 극은 어리석으면서도 익살스러워 보였다. 왜냐하면 그 사람은 잠겨 있는 세 개의 문에 집중하였기 때문에 그 방에는 뒷벽이 없다는 사실을 전혀 깨닫지 못하였기 때문이다. 뒤 돌아서 보기만 하면 그는 마음대로 걸어 나올 수 있었을 것을!

회심이란 바로 이것이다. 회심이란 돌아서서 우리가 실제로 생각한 것처럼 죄인이 아니라는 것을 발견하는 것이다. 하나님의 입장에서 볼 때, 우리는 종종 방의 잠긴 문들을 열려고 한 그 배우처럼 보일 것이다. 우리는 많은 것들에 대해 염려하며 심지어 염려로 우리 자신을 상하게까지 한다.

하나님은 "돌아서서 너의 마음을 나의 나라에 두어라. 네가 원하는 모든 자유를 너에게 줄 것이다"라고 말씀하셨다.

셋.
위로부터 오는 해답

예수님이 좀처럼 사람들이 던진 질문들에 대답하지 않으신 점은 주목할 만하다.

야고보와 요한의 어머니가 자기 아들들을 천국에서 예수님의 좌우편에 앉게 해달라고 간청하자, 예수님은 "나의 마시려는 잔을 너희가 마실 수 있느냐"(마 20:22)라고 반문하셨다.

사두개인들이 일곱 남편을 가진 여자를 들어 부활 때 그녀가 누구의 아내가 될지 물었을 때, 예수님은 "부활 때에는 장가도 아니 가고 시집도 아니가고 하늘에 있는 천사들과 같으니라"(마 22:30)고 대답하셨다.

사도들이 "주께서 이스라엘 나라를 회복하심이 이때니이까?"라고 물었을 때, 예수님은 "때와 기한은 아버지께서 자기의 권한에 두셨으니 너희의 알 바 아니요 오직 성령이 너희에게 임하시면…너희가 내 증인이 되리라"(행 1:7-8)고 하셨다.

여기서 무슨 일이 일어나고 있는가? 예수님은 세상적인 질문에 대해 위로부터의 거룩한 대답을 하신다.

야고보와 요한의 어머니는 권력과 영향력에 관심을 두고, 사두개인들은 예수님이 신학적 문제를 풀기를 원하고, 사도들은 예수님께서 그들을 로마의 점령군들로부터 해방시키기 원한다. 그러나 이 모든 관심은 세상적인 것들이다. 이것들은 세상의 권력이 야기한 복잡한 것에서부터 유래된다. 예수님은 세상적으로 대답하지 않으신다. 그분은 세상의 권세를 초월하여 위로부터 대답하신다. 그의 대답은 하나님과 그의 가장 친밀한 연합에서 나온다.

진정으로 예수님의 대답을 듣기 위해, 우리는 위로부터 거듭나야 할 필요가 있다. 예수님은 니고데모에게 "진실로 진실로 네게 이르노니 사람이 (위로부터) 거듭나지 아니하면 하나님 나라를 볼 수 없느니라"(요 3:3)고 말씀하셨다.

영적 생활은 위로부터 거듭난 사람들의 삶이다. 이들은 하나님의 영을 받은 사람들이다. 그 삶은 우리로 하여금 인간적인 뒤얽힘의 감옥을 부수게 하고 우리를 자유케 하여 하나님 안에서 살게 한다. 예수님은 그것을 분명하게 "육으로 난 것은 육이요 성령으로 난 것은 영이니"(요 3:6)라고 말씀하셨다.

넷.
회심으로의 초대

우리가 계속 의미를 찾기를 원한다면, 우리는 책과 신문들을 영적인 방법으로 읽어야 한다. 우리가 항상 "우리는 왜 사는가?"를 물어야 한다. 우리는 짧은 인생에서 일어나는 모든 사건들을 해석해야 한다. 책과 신문들이 있는 이유는 우리가 시대의 징조를 읽고 우리의 삶의 의미를 찾는 것을 돕기 위해서이다. 예수님은 "너희가 구름이 서에서 일어남을 보면 곧 말하기를 소나기가 오리라 하나니 과연 그러하고 남풍이 붊을 보면 말하기를 심히 더우리라 하나니 과연 그러하니라 외식하는 자여 너희가 천지의 기상은 분변할 줄을 알면서 어찌 이 시대는 분변치 못하느냐"(눅 12:54-56)고 말씀하셨다.

참된 도전은 바로 여기에 있다. 예수님은 우리 시대의 사건들을 우리와 전혀 관계가 없는 일련의 사고와 사건들로 보지 않는다. 예수님은 우리 삶의 정치적, 경제적, 사회적 사건들을 영적 해석을 요구하는 징조로 본다. 그것들은 영적으로 이해되어야 한다. 그러나 어떻게 해야 하는가?

예수님께서 친히 그 방법을 보여주신다. 한번은 사람들이 예수님께 빌라도 총독이 갈릴리 출신의 반역자들을 처형하고 그 피를 로마인의 제물에 섞었다는 소식을 전하였다. 그때 예수님은 "너희는 이 갈릴리 사람들이 이같이 해 받음으로써 모든 갈릴리 사람보다 죄가 더 있는 줄 아느냐 너희에게 이르노니 아니라 너희도 만일 회개치 아니하면 다 이와 같이 망하리라"(눅 13:2-3)라고 말씀하셨다.

예수님은 그 사건을 정치적인 것으로 해석하지 않고 영적인 것으로 해석하신다. 예수님은 "모든 일은 너를 회심으로 초대한다"고 하셨다. 이것이 역사의 가장 깊은 의미이다. 그것은 우리의 마음을 하나님께로 돌려 우리의 삶의 완전한 의미를 발견하라고 끊임없이 우리를 초대한다.

다섯.
왜 에이즈인가?

　일단 우리 시대의 사건들을 회심으로의 부름으로 이해하기 시작하면, 역사에 대한 우리의 인식은 급격하게 변화한다. 나의 친구 몇 명이 에이즈(AIDS)로 죽은 것, 그리고 에이즈 환자들과 그들을 위해 일하는 사람들의 방대한 조직을 알게 된 이래, 나는 "왜" 이런 질병이 생겨나는지에 대해 묻기 시작하였다. 왜 에이즈라는 전염병이 젊은이나 늙은이, 남자, 여자 할 것 없이 수많은 사람들의 생명을 앗아가고 있는가?
　샌프란시스코에 사는 나의 사랑하는 동성연애자의 아들 존이 에이즈에 걸렸다. 그래서 에이즈는 더 이상 나와 무관한 병이 아니었다. 존이 앓고 있을 때 그를 병문안을 갔었다. 존은 자기의 동성연애자 친구들을 나에게 소개해 주었는데, 나는 무수히 많은 젊은이들의 엄청난 신체적, 정서적 고통을 절실히 알게 되었다.

예수님은 나에게 "너는 이 사람들이 너보다 더 악한 죄인들이기 때문에 이런 일이 그들에게 일어난 줄로 생각하느냐"고 물으신다. 나는 유일하게 가능한 대답이 "아니라 너희도 만일 회개치 아니하면 다 이와 같이 망하리라"는 사실에 충격을 받지 않을 수 없다. 그 대답은 모든 것을 뒤집어 놓는다. 동성연애자들의 죽음은 나를 회개로 초청한다!

에이즈가 보여준 것은 사랑과 죽음의 연관성이다. 동성연애자들은 그들을 사랑해줄 사람을 필사적으로 찾다가 자신들도 모르게 파괴와 죽음의 세력에게 삼킴을 당한 것이다.

그러나 하나님은 죽은 자의 하나님이 아니라 산 자의 하나님이시다. 하나님의 사랑은 죽음이 아니라 생명을 가져다 준다.

나의 동성연애자 형제들은 내가 보다 철저하게 하나님께로 돌아서고 나의 몸과 마음의 갈망들을 거기서 채움 받게 하기 위해 죽어가고 있다.

나는 에이즈를 나로 하여금 회개하라고 부르는 우리 시대의 징조로 보아야 한다. 그렇게 할 수 있는 용기를 달라고 나는 주님께 기도한다.

여섯.
역 선교

　페루의 리마 주변의 신흥 소도시에서 수개월 머무는 동안 나는 처음으로 "역 선교"라는 말을 들었다. 나는 가난한 사람들을 돕기 위해 북쪽에서 남쪽으로 왔었는데, 그들 사이에 머무는 시간이 길어지면서 나는 남쪽에서 북쪽으로 가는 또 다른 선교가 있다는 것을 더욱 확실히 깨달았다. 북쪽으로 돌아온 후 나의 주요 과제는 라틴 아메리카의 가난한 사람들이 미국과 캐나다의 부유한 형제들을 회심시키는 일을 돕는 것이라는 사실을 깊이 확신했다. 그 이후로 나는 하나님의 영이 임재하는 곳은 어디나 역 선교가 있다는 것을 알게 되었다.
　1965년 여름 내가 흑인들의 인권 옹호 투쟁을 지지하기 위해 셀마에서 몽고메리까지 수천 명의 흑백 미국인들과 함께 행진하였을 때, 마틴 루터 킹은 민권의 보다 깊은 영적 의미는 흑인들이 백인들을 회심으로 초청하는 것이라고 말하였다.

수년 후에 내가 정신적인 장애자들과 함께 살면서 사역하기 위해 라르케L'Arche에 합류하였을 때, 나는 곧 내가 실제로 해야 할 일은 내가 돕기를 원하는 그 사람들로 하여금 나에게(그리고 나를 통하여 다른 이들에게) 그들의 독특한 영적 은사들을 나누어 주게 하는 것이란 사실을 배웠다.

이 "역 선교"는 하나님의 영의 표식이다. 가난한 자들이 부자들에게, 흑인들이 백인들에게, 지체부자유자들이 정상인들에게, 동성연애자들이 그렇지 않은 자들에게, 죽어가는 자들이 산 자들에게 할 수 있는 선교가 있다. 하나님은 세상에 의해 희생된 자들을 복된 소식을 전하는 자들로 선택하셨다.

실로암 망대가 무너져 열 여덟 사람이 치어 죽었다는 소식을 들으셨을 때, 사람들은 예수님께 이 사람들이 다른 이들보다 더 악한 죄인이냐고 물었다. 예수님은 "너희에게 이르노니 아니라 너희도 만일 회개치 아니하면 다 이와 같이 망하리라"고 하셨다. 예수님은 그 희생자들이 오히려 우리를 회심으로 부르는 복음전도자들인 것을 보여주신다. 이것이 바로 우리를 놀라게 하는 역 선교이다.

일곱.
하나님의 질문

  나치의 강제 수용소의 가스실에서 죽은 유대인들이 우리보다 더 죄가 많을까? 군대에 의해 유괴당하고 고문당하고 처형당한 과테말라의 마야 인디언들은 어떤가? 굶주림으로 죽어간 수백만 명의 아프리카인들은? 그리고 그 살상을 행한 이들은 누구인가?—이러한 질문은 세상적인 것이다. 우리가 우리보다 더 낫거나 더 나쁜 자가 누구인지 알기 원하는 질문이다. 그리고 이 질문은 위로부터의 질문이 아니다. 이 질문은 하나님이 하시는 질문이 아니다. 하나님은 우리에게 다른 사람들을 배경으로 우리의 보잘것없는 인간성의 벽감을 두드러지게 하라고 요구하지 않는다.

  하나님의 질문은 "너는 시대의 징조들을 너에게 회개하고 회심할 것을 요청하는 징조들로 읽고 있느냐?"이다. 실제로 중요한 것은 형제와 자매들의 거대한 고통들을 통해 우리가 모든 교만과 모든 비판과 모든 정죄에서 벗어나 예수님의 마음처럼 겸손하고 온유한 마음을 갖는 것이다.

우리는 다른 사람들에 대한 우리의 태도를 결정하는 데 무수한 시간을 보낸다. 가까이 혹은 멀리 있는 사람들에 관한 끊임없는 의견의 교환이 우리를 혼란하게 하며, 마음의 변화가 필요한 사람이 우리 자신이라는 사실, 그리고 어쩌면 우리가 변화시킬 수 있는 것은 바로 우리 자신의 마음뿐이라는 사실을 잊어버리게 한다. 우리는 항상 "그 남자 어때? 그 여자 어때?"라고 묻는다.

요한이 어떻게 될 것을 알고자 했던 베드로에게 예수님이 말씀셨던 것처럼, 그러나 예수님은 우리에게 "네게 무슨 상관이냐 너는 나를 따르라"(요 21:21-22)고 말씀하셨다.

여덟.
판단이라는 짐

　당신이 누군가의 잘잘못을 따져야 할 필요가 전혀 없다고 상상해보라. 당신이 어떤 사람이 착한지 나쁜지 판단하고 싶은 마음이 전혀 없다고 상상해보라. 어떤 사람의 행위의 도덕성에 대해 무언가 결정을 내려야 할 부담에서 완전히 자유롭다고 상상해보라. "나는 아무도 판단하지 않노라!"고 말할 수 있다고 상상해보라.

　그야말로 실로 내적인 자유가 아니겠는가? 4세기의 은둔자들은 "다른 이들을 판단하는 것은 무거운 짐이다"라고 말했다. 나는 생에서 몇몇 순간 다른 사람들에 대한 모든 판단에서 자유함을 느낀 적이 있다. 그것은 마치 무거운 짐을 벗어버린 것과 같았다. 그 순간에 나는 내가 만나고 듣고 읽은 모든 사람들에 대해 거대한 사랑을 경험하였다. 모든 사람들에 대한 깊은 유대감과 그들을 사랑하고자 하는 깊은 열망이 나의 내면의 모든 벽들을 허물었고 나의 마음을 우주와 같이 넓게 하였다.

그와 같은 경험은 트라피스트 수도원에 7개월간 머물 때 일어났다. 나는 하나님의 선하심으로 충만하여 어디에 가든지, 심지어 폭력과 파괴와 범죄의 이면에서도 그 선하심을 보았다. 나는 나에게 잡화와 꽃과 새 옷을 파는 사람들을 껴안고 싶은 충동을 자제해야 했다. 그들은 모두 성도처럼 보였다!

우리가 우리 안에 계시는 하나님의 영의 움직임에 민감하다면, 우리는 모두 이런 순간들을 경험한다. 그것들은 일순 아름다움과 평화의 나라인 천국을 보는 것과 같다. 이런 순간들을 우리의 꿈이나 시적인 상상의 산물로 무시해 버리기 쉽다. 그러나 우리가 그것들을 우리의 어깨를 두드리시고 우리의 존재의 가장 깊은 진리를 보여주시는 하나님의 손길로 간주한다면, 우리는 점차 다른 이들을 판단하고 싶은 욕구와 모든 사람과 모든 것을 평가하려는 경향에서 벗어날 수 있다. 그 때 우리는 참된 내적인 자유와 내적인 성결을 향해 자라갈 수 있다.

우리가 다른 사람들로부터 판단을 받는 가벼운 짐을 지기를 마다하지 않을 때, 우리는 비로소 다른 사람들을 판단하는 무거운 짐에서 벗어날 수 있다.

아홉.
하나님의 사랑을 내 것으로

　다른 사람을 판단하는 데서 자유로울 수 있는가? 그럴 수 있다, 단지 우리 스스로가 하나님의 사랑하는 아들과 딸이라는 사실을 인식함으로써 가능하다. 마치 우리가 무엇인 양, 무엇을 가진 양, 다른 사람들이 우리에 대해 생각하는 그대로인 양 사는 이상, 우리 내면은 판단과 의견과 평가와 죄로 가득찰 것이다. 우리는 언제나 사람이나 사물을 "내가 원하는 자리"에 갖다 놓으려는 욕구에 중독되어 있을 것이다. 우리 존재의 근저는 세상 성공이나 권력이나 인기에 근거한 존재에 있는 것이 아니라 하나님의 무한한 사랑에 있음을 깨닫는 정도에 따라, 다른 사람을 판단하는 것에서도 그만큼 자유로울 수 있다.

　"비판을 받지 아니하려거든 비판하지 말라 너희의 비판하는 그 비판으로 너희가 비판을 받을 것이요"(마 7:1). 이 말씀과 함께 여러 성경 본문들은 우리들의 판단이 하나님의 판단과 무관하며, 이는 하나님의 사랑에 대한 믿음 부족의 결과에거 기인되었음을 말해주고 있음을 알 수 있다.

우리 자신을 세상 성공과 인기와 권력으로 판단된다고 여긴다면, 우리가 판단하고 판단받는 것에서 벗어날 수 없으며, 결국 세상의 기준으로 판단되는 희생자로 끝나게 될 것이다. 그 결과 우리들은 상호간 심판을 초래한다. 이는 우리 자신은 단지 우리가 다른 이들에 대해 생각하는 것과, 다른 이들이 우리에 대해 생각하는 것의 합에 불과하기 때문이다.

오직 모든 판단을 초월하시는 하나님의 사랑을 우리 것으로 주장할 때만 판단의 두려움을 극복할 수 있다. 다른 이들을 판단하는 데서 완전히 자유로워질 때 판단을 받는 두려움에서도 자유롭게 될 것이다. 그것이 바로 "비판을 받지 아니하려거든 비판하지 말라"는 예수님 말씀의 뜻이다. 이 말씀은 하나님의 사랑과 이웃 사랑 간의 양면적인 관계를 의미한다. 이웃 사랑과 하나님 사랑은 분리될 수 없다. 그러나 이 관련은 두뇌로 생각될 수 있는 단순한 논리적 관련이 아니다. 그것은 무엇보다 기도로 만들어지는 마음의 관련이다.

Here and **Now**
05.

삶의 훈련

하나.
황금을 위한 삶

고린도 교회에 보낸 바울의 첫 편지의 9장 끝부분을 읽으면서, 나는 그가 방금 올림픽 경기를 관람하였다는 것을 쉽게 상상할 수 있다: "운동장에서 달음질하는 자들이 다 달아날지라도 오직 상 얻는 자는 하나인 줄을 너희가 알지 못하느냐 너희도 얻도록 이와 같이 달음질하라…"

2천 년이 지난 지금, 이 말은 처음에 기록되었을 때보다 훨씬 더 핵심을 찌르는 것 같다. 92년도 바르셀로나 올림픽 경기를 지켜보면서, 나는 선수들이 금메달을 얻기 위해 일편단심 외길을 걸으며 강훈련을 견뎌왔다는 사실에 깊은 감동을 받았을 뿐 아니라 가슴이 미어지기까지 하였다. 달리기, 높이뛰기, 다이빙, 체조 등 모든 분야의 선수들이 오로지 그 작은 성공의 단상에 오르는 데 삶의 모든 부분을 바친 것이다. 나는 프랑스 선수 가티에르와 스웨덴 선수 왈드너의 탁구 최종 결승전을 특별히 관심있게 지켜 보았다. 그 선수들은 물론 스웨덴의 구스타프 국왕을 비롯한 수천 명의 관중들 사이에 참기 어려운 긴장을 야기시킨 질문은 "두 사람 중 누가 과연 금메달을 딸 것인가?"였다. 두 선수들은 절묘한 기술을 발휘하는 것을 보면서 마지막 순간까지 누가 우승자가 될지 예측할 수가 없었다. 결국 스웨덴 선수가 세번째 동점을 깨뜨리고 25대 23으로 이겼다. 그의 긴장되고 냉정했던 얼굴에 함박 웃음이 피어났고, 그는 코치를 얼싸 안았다. 그것은 바르셀로나 올림픽에서 스웨덴이 획득한 첫번째 금메달이었다. 경기장이 떠나갈 듯한 박수와 스웨덴 사람들의 열광은 무언가 참으로 중요한 일이 일어났다는 것을 말해 주었다.

바울은 경기를 보면서 선수들이 메달을 얻기 위해 쏟아야 했던 헌신과 훈련을 우리는 언제 영원한 영광을 얻기 위해 쏟을 것인가를 생각했을 것이다. 아마 성도들과 천사들과 천사장들의 합창대를 열광적인 관중으로 생각하고 왕이 친히 우리를 지켜보며 우리에게 그의 영원한 사랑의 금메달을 주시기를 원하신다는 것을 깨닫는다면 도움이 될 것이다.

둘.
분명한 목표

　우리의 삶의 목표가 분명한가? 올림픽에서 금메달을 따는 것을 분명한 목표로 가진 선수들은 모든 다른 것을 부수적인 것으로 여긴다. 그들이 먹고 자고 연구하고 훈련 받는 방식은 모두 그 분명한 목표에 의해 결정된다.

　이것은 운동 선수의 삶뿐 아니라 영적인 삶에서도 마찬가지이다. 분명한 목표가 없다면 항상 산만해지고 부수적인 것들에 정력을 낭비할 것이다. 마틴 루터 킹 목사는 "그 상에 시선을 고정하십시오"라고 말하였다. 우리가 받을 상은 무엇인가? 하나님 안에서 그와 더불어 사는 거룩한 삶, 영생인가? 예수님은 우리에게 그 목표, 하늘의 상을 선포하셨다. 그분은 니고데모에게 "하나님이 세상을 이처럼 사랑하사 독생자를 주셨으니 이는 저를 믿는 자마다 멸망치 않고 영생을 얻게 하려 하심이니라"(요 3:16)고 하셨다.

우리의 시선을 영생에 고정하는 것은 쉽지 않다. 특히 우리가 관심을 쏟아야 할 보다 시급하고 긴급한 일들이 있음을 말해주는 이 세상에서 더욱 어렵다. 우리의 주의를 목표에서 빗나가지 않고 맑은 정신을 유지할 수 있는 날은 거의 없다. 그러나 우리는 분명한 목표가 없는 삶은 우리를 고갈시키고 결국 피로와 무력감만을 남게 하는 많은 과제와 의무들의 파편이 될 뿐이라는 것을 경험을 통해서 알 수 있다.

그렇다면 어떻게 해야 우리의 목표를 분명하게 유지할 수 있는가? 어떻게 우리의 시선을 그 상에 고정시킬 수 있는가? 그것은 기도의 훈련을 통해서이다. 그 훈련은 우리의 삶의 중심에 거듭 하나님을 모실 수 있게 해준다. 우리는 언제나 산만하며 시급한 요구들로 끊임없이 분주하다. 그러나 영생을 주시는 하나님께로 돌아가기 위해 구별된 시간과 장소가 있다면, 차츰 우리가 행하고 말하고 생각해야 하는 그 많은 일들이 더 이상 우리를 산만하게 하지 않으며, 오히려 그 모두가 우리로 하여금 목표에 더욱 가까이 다가가게 한다는 사실을 깨닫게 될 것이다. 그러나 중요한 것은 우리의 목표가 여전히 분명하다는 것이다. 기도는 목표를 분명하게 유지해 준다. 그리고 우리의 목표가 희미해졌을 때, 기도는 그것을 다시 분명하게 해준다.

셋.
영생

영생은 어디에 있는가? 그것은 언제인가? 오랫동안 나는 영생을 나의 생의 날들이 다한 이후의 삶으로 생각하였다. 나는 거의 평생 동안 영생을 "사후의 삶"으로서, "내세"로 말하였다. 그러나 나이가 들면서, 내세에 대한 나의 관심은 점점 줄어들었다. 내일, 내년, 십년 후에 대해 걱정할 뿐 아니라 심지어 내세에 관해서까지 염려하는 것은 잘못된 선입관에 기인한다. 내가 죽은 후의 일들에 대해 궁금해하는 것은 대부분 나의 주의를 흩뜨리는 것에 불과하다. 나의 분명한 목표가 영생일 때, 그 삶은 지금 내가 존재하는 이곳에서 달성될 수 있어야 한다. 이는 영생이란 하나님 안에서 그와 더불어 사는 삶이며 하나님은 내가 있는 지금 여기에 계시기 때문이다.

영성 생활 즉, 하나님 안에서 사는 삶의 위대한 비밀은 우리가 그것을 이후에 언젠가 일어날 일로 기다릴 필요가 없다는 것이다. 예수님은 "내가 너희 안에 거하는 것과 같이 너희도 내 안에 거하라"고 하셨다. 영생이란 이 신적인 내주(內住)하심이다. 우리에게 영생을 주는 것은 우리 삶의 중심에 이루어지는 하나님의 생생한 임재 즉, 우리 속에 하나님의 영의 움직임이다.

그러나 사후의 삶은 어떠한가? 우리가 하나님과 더불어 살며 하나님의 가족에 속할 때, 더 이상 "전"이나 "후"가 없다. 죽음은 더 이상 분기점이 되지 못한다. 죽음은 하나님께 속한 자들에 대해 그 권세를 상실하였다. 이는 하나님이 죽은 자의 하나님이 아니라 산자의 하나님이시기 때문이다. 일단 우리가 하나님의 사랑에 둘러싸이는 데서 오는 기쁨과 평안을 맛본다면, 우리는 모든 것이 형통하며 잘 되리라는 것을 안다. "두려워 말라"고 예수님이 말씀하셨다.

또한 "내가 사망의 권세를 이겼노라…나에게 와서 나와 함께 거하며 내가 있는 곳에 너의 하나님이 계시는 것을 알라"고 하셨다. 영생이 분명한 목표일 때, 그것은 먼 목표가 아니다. 그것은 지금 이 순간에 도달될 수 있는 목표이다. 우리의 마음이 이 신적인 진리를 이해할 때 우리는 영적인 삶을 살게 된다.

넷.
영적 독서

성령 안에서 행하는 삶을 위한 중요한 훈련은 영적 독서이다. 영적 독서를 통하여 우리는 마음에 들어오는 것들 위로 누군가 말하게 할 수 있다. 매일 우리 사회는 수많은 형상과 소리들을 우리에게 퍼붓는다. 토론토 시내를 운전하는 것은 사전 속을 운전하는 것과 같다. 모든 말이 각기 다양한 크기와 색깔과 몸짓과 소리들로 우리의 주의를 끌려하고, 그 말들은 우리에게 고함치고 비명을 지르는 것 같다: "나를 먹고, 나를 마시고, 나를 사고, 나를 고용하고, 나를 보고, 나와 말하고, 나와 자라!"

우리가 그것을 원하거나 원하지 않는 것이 문제가 아니다. 문제는 우리가 강제적으로 생각 속에 파고드는 말과 형상들에 빨려 들어가지 않을 수 없다는 것이다. 자신의 마음이 세상의 쓰레기통이 되기를 원하는가? 우리의 생각과는 관계가 없이 우리의 마음이 우리를 혼란시키고 흥분시키고 침체시키고 자극하고 반박하고 유혹하는 것들로 가득 채워지기를 원하는가? 무엇이 우리의 마음에 들어와서 우리의 생각과 감정을 결정할지 다른 이들의 손에 맡기기를 원하는가?

분명히 그렇지 않다. 그러나 세상이 아니라 하나님이 우리의 마음의 주인이 되게 하려면 참된 훈련이 필요하다. 그렇게 되려면 우리는 비둘기처럼 온유할 뿐 아니라 뱀처럼 지혜로워야 한다. 그러므로 영적 독서는 매우 유익한 훈련이다.

우리의 마음을 살찌우고 우리를 하나님께 더욱 가까이 다가가게 하기 때문에 선택하여 읽고 있는 책이 있는가? 우리가 항상 우리의 마음을 우리가 가고자 하는 방향으로 향하게 하는 책을 가지고 다닌다면, 우리의 생각과 느낌들은 심오한 영향을 받을 것이다. 거룩한 남녀 성도들의 삶, 놀라운 화평의 보기들, 가난하고 압제당하는 사람들에게 생명을 가져다주는 공동체들, 그리고 영적인 삶 자체에 관한 좋은 책들이 많다. 비록 우리가 하루에 15분 가량만 그런 책을 읽어도, 우리는 곧 우리의 마음이 점점 깨끗해지고 점점 더 선한 생각들로 가득한 꽃병이 되어가고 있다는 것을 발견할 것이다.

다섯.
영적 독서 방법

영적 독서는 신령한 사람이나 사건들에 대해 읽는 것뿐 아니라 영적으로, 즉 영적인 방식으로 읽는 것도 포함한다. 영적인 방식으로 읽는 것은 하나님이 우리에게 더욱 가까이 오시기를 갈망하는 마음으로 읽는 것이다.

우리는 대체로 지식을 얻거나 호기심을 만족시키기 위해 책을 읽는다. 우리가 자동차 수리나 요리나 건축이나 지체 부자유자들을 돕거나 강연하는 방법을 알고자 할 때, 우리는 상당한 양의 독서를 한다. 세계와 스포츠와 오락과 지역 사회 뉴스를 알고자 원할 때, 우리는 여러 신문과 잡지들을 뒤적인다. 그러나 영적 독서의 목적은 지식이나 정보를 습득하는 것이 아니라, 하나님의 영으로 우리를 지배하게 하는 데 있다. 이상하게 들릴지 모르지만, 영적 독서란 하나님이 우리를 읽으시는 것을 허락하는 것을 의미한다.

우리는 예수님의 탄생 이야기를 호기심을 가지고 읽고 스스로에게 "이것이 실제로 일어난 일일까? 누가 이 이야기를 만들어 냈을까?"라고 질문할 수 있다. 그러나 우리는 그 동일한 이야기를 영적인 주의를 기울여 읽고 "하나님께서 여기서 어떻게 나에게 말씀하시며, 어떻게 보다 관대한 사랑으로 나를 부르고 계신가?"에 관심을 기울일 수도 있다. 우리는 직장에서 이야기할 거리를 얻기 위해 일상의 뉴스를 읽을 수 있다. 그러나 우리는 그것을 읽음으로써 하나님의 말씀과 구원의 역사를 필요로 하는 세상의 실제를 더욱 자각할 수도 있다.

문제는 무엇을 읽는가가 아니라, 어떻게 읽는가에 있다. 영적 독서는 우리의 내적 삶과 외적인 삶 속에 역사하는 하나님의 영의 움직임에 주의를 기울이면서 읽는 것이다. 그렇게 주의를 기울일 때, 우리는 하나님으로 하여금 우리를 읽고 우리에게 실제로 무엇이 중요한지를 설명하시게 할 수 있다.

여섯.
의미를 추구하는 독서

영적 독서는 그것을 통해 우리의 삶에 의미를 부여할 수 있다는 데 가치가 있다. 의미 없는 삶은 빨리 퇴화한다. 인간은 살기를 원할 뿐 아니라, 왜 살아야 하는지 그 이유를 알기를 원한다. 2차 대전 당시 독일의 강제 수용소에서 경험한 것을 기록한 정신과 의사 빅톨 프랑클Viktor Frankl은 삶에서 의미를 갖지 못한다면 오래 살아 남지 못한다는 것을 설득력 있게 설명했다.

많은 역경과 고난이 있을지라도 누군가를 위해서 혹은 무엇을 위해서 살아 남아야 한다는 신념이 있을 때 그 고난을 견뎌낼 수 있다. 우리의 삶에는 음식, 음료, 거처, 안식, 우정, 그밖에 많은 것들이 필요하다. 그러나 삶의 의미 역시 빼놓을 수 없다. 우리의 삶의 얼마나 많은 부분이 그 의미에 대한 숙고도 없이 보내어지는지…놀랍게도 많은 사람들은 바빠 살면서도 지루해 한다! 해야 할 일이 많고 그것들을 하기 위해 동분서주하지만, 그 광적인 활동 뒤에서 실제로 중요한 것이 이루어지고 있는가? 숙고되지 않은 삶은 결국 그 의미를 상실하고 지루한 것이 될 뿐이다.

영적 독서는 우리로 하여금 삶을 살 뿐만 아니라 지속적으로 삶을 숙고하게 하는 훈련이다. 아이가 태어나고, 친구가 결혼을 하고, 부모가 돌아가시고, 사람들이 반항하고, 혹은 한 민족이 굶주림을 겪을 때, 이런 일들을 알고 축하하거나 슬퍼하거나, 할 수 있는 최선의 반응을 보이는 것만으로 충분하지 않다.

우리는 계속하여 자문해야 한다: "이것들은 무엇을 의미하는가? 이것을 통해 하시고자 하는 하나님의 뜻은 무엇인가? 이러한 중에 우리는 어떤 삶을 살아야 하는가?" 이러한 질문이 없다면 삶은 무의미하게 된다. 이러한 질문에 대한 답이 있는가? 물론 있다. 그러나 우리가 먼저 그 질문들을 생활화하고, 릴케가 말한 대로, 우리도 모르는 사이에 그 해답이 될 것을 믿지 않는다면, 우리는 결코 그것들을 찾을 수 없을 것이다. 우리가 한 손에 성경과 영적인 책들을 들고 다른 한 손에 신문을 든다면 언제나 새로운 질문들을 발견할 것이나, 차츰 그 해답이 우리에게 계시될 것을 신뢰하면서 그것들을 신실하게 생활화할 수 있는 방법 역시 발견하게 될 것이다.

Here and Now
06.

영적인 삶

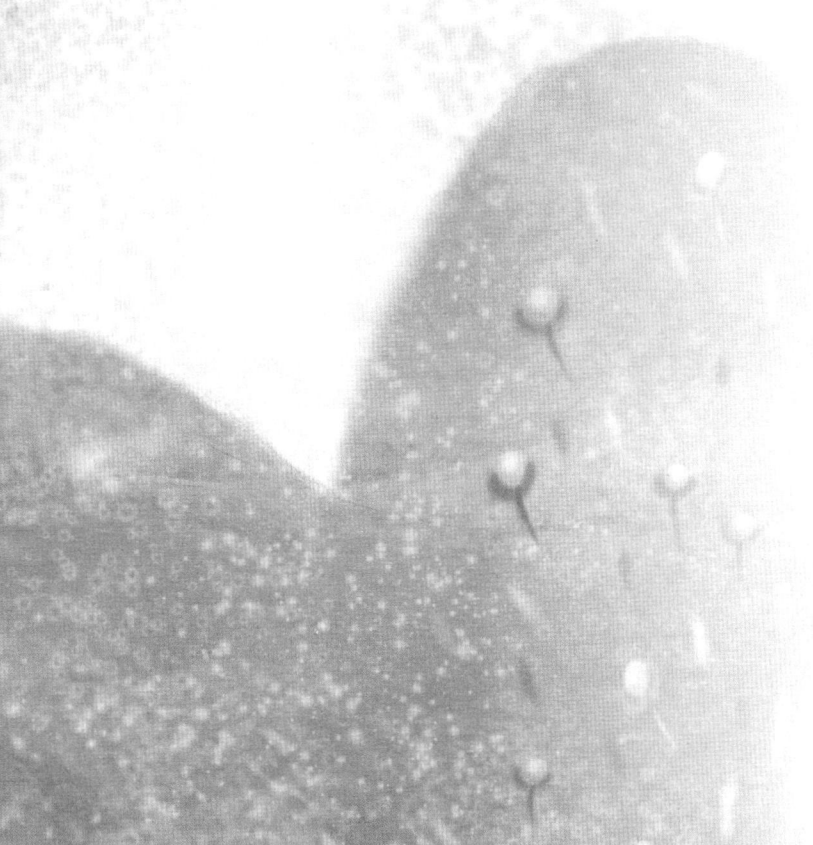

하나.
세미한 소리

　나는 항상 무언가를 해야 하고 누구를 만나고 어떤 일을 끝내야 한다는 생각으로 바쁘다. 그러나 그럼에도 불구하고 한 달, 혹은 심지어 한 주만 지나면 그토록 시급하게 보였던 일들이 기억에서 까맣게 잊혀질 것이라는 사실 역시 잘 안다. 이것은 나뿐 아니라 다른 많은 사람들도 마찬가지일 것이다.
　최근에 나는 토론토 시내 사거리에 서 있었다. 빨간 신호등으로 바뀌려는 순간에 길을 건너려던 청년이 달려오던 차에 치일 뻔했다. 그 순간에도 많은 사람들은 무심히 각자의 갈 길을 가고 있었다. 대부분은 긴장되고 심각한 표정이었다. 그들은 모두 자기 나름대로의 생각과 정해놓은 목표를 달성하기 위해 애쓰는 모습이었다. 자동차들이 길게 꼬리를 물고 사거리를 달리고 있었다. "이 모든 사람들은 도대체 무슨 생각을 할까? 그들은 무엇을 하고자 하며, 무엇을 소원하며, 또 무엇에 쫓기는가?"라는 의문이 생겼다. 이 사람들이 하는 생각을 엿볼 수 있었으면 좋겠다는 생각이 들었다.

그러나 나는 곧 궁금해 할 필요가 없다는 것을 알았다. 나 자신의 안절부절함이 주변의 모든 사람들의 그것과 별로 다르지 않을 것이기 때문이었다. 고요하고 잠잠하여 하나님으로 하여금 나에게 삶의 의미에 대해 말씀하시게 하는 것이 왜 그토록 어려울까? 내가 하나님을 믿지 않기 때문인가? 내가 하나님을 모르기 때문인가? 하나님이 실제로 나를 위해 거기 계신 것을 내가 의심하기 때문인가? 내가 하나님을 두려워하기 때문인가? 나에게 있어서 모든 다른 것이 하나님보다 더욱 절실하기 때문인가? 내 마음 깊은 곳에서 하나님이 사거리에서 일어나는 일을 돌보고 계시는 것을 믿지 않기 때문인가? 그러나 바로 이 거리에서 "수고하고 무거운 짐진 자들아 다 내게로 오라 내가 너희를 쉬게 하리라"(마 11:28-30)는 음성이 들리는가? 내가 그 소리를 믿고 따를 수 있는가? 그것은 큰 소리가 아니며, 내면의 도시의 아우성에 파묻혀 버리게 된다. 그러나 주의 깊게 경청하면 그 소리를 들을 수 있으며, 그것이 나의 마음의 가장 깊은 곳에 말하는 소리임을 알게 된다.

둘.
나를 사랑해요?

"하나님은 사랑이시다"라는 단순한 진술은 우리가 그것에 근거하여 삶을 살기 시작하는 순간에 매우 광범위한 함축을 지닌다. 나를 창조하신 하나님이 사랑이시며 또 유일한 사랑이시라면, 나는 어떤 사람이 나를 사랑하기 이전에 이미 사랑을 받고 있었다.

내가 어린아이였을 때 나는 아버지와 어머니께 연신 다음과 같은 질문을 했다. "엄마 아빠, 나를 사랑하세요?" 이 질문을 너무도 집요하게 물었기 때문에 어떤 때 짜증을 내시기도 하였다. 부모님이 나에게 수백 번도 넘게 나를 사랑한다는 사실을 확신시켜 주었지만 그 대답에 만족하지 않았기 때문이다.

오랜 세월이 지난 지금 부모님들이 내게 해 줄 수 없는 대답을 바랐다는 것을 깨달았다. 나는 부모님들이 나를 영원한 사랑으로 사랑해 주기를 원하였다. "나를 사랑하세요"라는 내 질문에 "나는 꼭 죽어야 하나요?"라는 뜻이 포함되어 있음을 알았기 때문이다. 어쨌건 나는 만약 부모님이 전적이고 무한하며 무조건적인 사랑으로 나를 사랑하신다면 결코 죽지 않을 것으로 생각했던 것이다. 그래서 나는 모든 사람이 언젠가는 죽게 되는 일반적 법칙에서 나는 예외가 되리라는 이상한 바램을 가지고 부모님을 성가시게 했던 것이다.

우리는 "나를 사랑하세요?"란 질문에 많은 정력을 쏟는다. 나이가 들면서, 우리는 그 질문을 묻는 보다 미묘하고 세련된 많은 방법들을 개발한다. 우리는 "당신은 나를 신뢰합니까? 당신은 나에게 관심이 있습니까? 당신은 나에게 감사합니까? 당신은 나에게 신실합니까? 당신은 나를 지지하렵니까? 당신은 나를 칭찬하렵니까?" 등의 말을 한다. 우리의 많은 고통은 우리가 제대로 사랑받지 못한 경험에서 비롯된다.

위대한 영적 도전은 부모와 남편과 아내와 자녀들과 선생님들과 동료들과 친구들에게서 받는 제한되고 조건적이며 일시적인 사랑이 무한하고 무조건적인 하나님의 사랑에 비하면 그림자에 불과하다는 사실을 깨닫는 것이다. 이 위대한 신앙의 도약을 이룰 때 죽음이 끝이 아니며 거룩한 사랑의 충만에 이르는 입구가 되는 것을 알 것이다.

셋.
운명론에서 믿음으로

　우리는 항상 운명론의 유혹을 받는다. 우리가 "나는 언제나 참을성이 없었어, 앞으로도 이 버릇은 못고칠 것 같아"라고 말할 때, 우리는 운명론자가 된다. 우리가 "그 사람은 한번도 아버지와 어머니의 사랑을 받아보지 못했어. 그러니 그가 감옥에 간 것은 당연한 일이야"라고 말할 때, 우리는 운명론자처럼 말한다. 우리가 "그녀는 어린 시절에 심하게 농락당했어. 그런데 어떻게 그녀가 남자와 건전한 관계를 가질 수 있겠니?"라고 말할 때, 우리는 운명론의 그늘 아래 서게 된다.
　"전쟁과 수백만 사람들의 굶주림과 에이즈 전염병과 전 세계의 경제 침체는 모두 희망을 가질 근거가 전혀 없다는 것을 증명해"라고 말할 때, 우리는 운명론의 희생자가 된다. 운명론은 우리로 하여금 우리가 통제할 수 없는 외적인 환경의 수동적인 피해자로 살도록 만든다. 운명론의 반대는 믿음이다. 믿음은 하나님의 사랑이 세상의 모든 미지의 세력들보다 더 강하며, 어둠의 희생자인 우리를 빛의 종들로 변화시킬 수 있다는 것에 대한 깊은 신뢰이다.

예수님이 미친 소년에게서 귀신을 쫓아내셨을 때, 제자들이 "우리는 어찌하여 능히 그 귀신을 쫓아내지 못하였나이까?"라고 물었다. 이에 예수님은 "너희 믿음이 적은 연고니라 진실로 너희에게 이르노니 너희가 만일 믿음이 한 겨자씨만큼만 있으면 이 산을 명하여 여기서 저기로 옮기라 하여도 옮길 것이요 또 너희가 못할 것이 없으리라"(마 17:19-20)고 대답하셨다.

우리가 운명적으로 생각하거나 말하거나 행동하는 많은 방법들을 밝혀내고, 조금씩 그것들을 믿음의 순간들로 바꾸어 가는 것은 매우 중요한다. 숙명론에서 믿음으로의 움직임은 우리의 마음에서 어둠을 몰아내고, 우리를 사랑의 능력을 믿음으로써 산을 옮길 수 있는 사람으로 변화시킬 것이다.

넷.
십자가 아래서

  하나님의 입장에서 지속적으로 삶을 보기는 매우 어렵다. 최근에 나의 사랑하는 친구 요나스에게 전화가 왔다. 그는 침통한 목소리로 그의 딸 레베카가 태어난 지 네 시간만에 죽었다고 말하였다. 요나스와 그의 아내 마가렛과 어린 아들 사무엘은 새 아기를 무척 기다려 왔었다. 그 아기는 조산아였지만 살아 있었다. 그러나 아기가 오래 살지 못하리라는 것이 분명했기 때문에 요나스는 아기 레베카에게 세례를 받게 하였다. 요나스와 마가렛은 잠시 동안 그 아기를 품에 안았다. 그것이 전부였다.

  요나스는 "병원에서 차를 몰고 돌아 오면서 나는 계속하여 하나님께 '사랑하는 주님, 당신이 레베카를 제게 주셨다. 그러나 이제 나는 그 아이를 당신께 돌려 드립니다' 라고 말씀드렸다네. 그러나 그것은 너무나 큰 고통이었고, 아름다운 미래를 잘라내는 것이었고, 너무도 공허한 느낌이었어"라고 말하였다.

나는 요나스에게 "레베카는 자네 딸일세. 그 아이는 언제나 자네와 마가렛의 딸로 남아 있을 거야. 그 아이가 단지 몇 시간밖에 자네에게 주어지지 않았지만 그 몇 시간은 헛되지 않을 것일세. 사무엘이 여동생을 가지고 있고, 마가렛과 자네가 하나님의 영원한 품 안에 거하는 딸을 가지고 있다는 것을 믿게. 자네는 예수님의 십자가의 표로 그 아이에게 표를 하였고, 사무엘과 마가렛과 자네도 역시 그 표를 받았다네. 그 표 아래서 자네의 사랑은 자네의 마음이 창으로 찔리는 것 같은 때에도, 더욱 깊고 더욱 넓게 자라갈 걸세"라고 말해주었다.

우리는 전화로 오랫동안 이야기하였다. 우리는 서로 붙들고 함께 울고 싶었다. 우리는 함께 있으면서 서로의 우정에서 위로를 찾기를 갈망하였다. 왜 이런 일이 일어나는가? 하나님의 영광이 드러날 수 있기 위하여? 주위가 어둠뿐일 때 그 질문에 "그렇다"라고 대답하기는 너무 어렵다.

나는 예수의 시신을 무릎에 누인 마리아를 본다. 나는 마가렛과 요나스가 어린 레베카를 안고 있는 것을 생각한다. 그리고 기도한다.

다섯.
감사하는 삶

어떻게 해야 진실로 감사하는 삶을 살 수 있는가? 우리에게 일어난 모든 일들을 되돌아 보면서, 우리는 쉽사리 감사해야 할 좋은 일과 잊어야 할 나쁜 일들로 삶을 양분한다. 그러나 이렇게 양분된 과거를 가지고 우리는 자유롭게 미래로 나아갈 수 없다. 잊어버려야 할 것들이 많을 때, 우리는 절룩거리며 앞으로 나아가게 될 뿐이다.

참된 영적 감사는 나쁜 사건이나 좋은 사건이나 슬픈 순간이나 기쁜 순간이나 할 것 없이 우리의 모든 과거를 감싸 안는다. 우리가 서 있는 그곳에서 일어난 모든 일들이 우리를 이곳에 이르게 했으며, 우리는 그 모든 것을 하나님의 인도하심의 일부로 기억하기를 원한다. 그것은 과거에 일어난 일들이 다 좋았다는 것을 뜻하는 것이 아니다. 그것은 나쁜 일조차도 하나님의 사랑의 임재 밖에서 일어난 것이 아님을 뜻한다.

예수님의 고난은 어둠의 세력에 의해 닥쳤다. 그러나 그분은 자기의 고난과 죽음이 영광에 이르는 길이라고 말씀하셨다. 우리의 모든 과거를 감사의 빛 아래 가져오기는 매우 어렵다. 우리가 죄의식과 부끄러움을 느끼는 일들이 너무나 많고, 일어나지 않았기를 바라는 일들 또한 너무나 많다. 그러나 우리가 "그 모든 것"을 바라보고, 뿐만 아니라 하나님이 보시는 눈으로 그것을 보는 용기를 가질 때마다, 우리의 죄의식은 행복한 죄의식이 되며, 우리의 부끄러움은 행복한 부끄러움이 된다. 이는 그것들이 우리로 하여금 하나님의 긍휼을 더욱 깊이 깨닫고 하나님의 인도를 더욱 강하게 확신하며 하나님을 섬기는 헌신의 삶에 보다 더 철저해지도록 만들기 때문이다.

일단 과거의 모든 것을 감사함으로 기억하게 되면, 우리는 세상에 파송되어 다른 이들에게 복음을 선포할 수 있다. 베드로가 예수님을 부인한 일이 그를 무력하게 만들지 않았고, 용서받았을 때, 그의 신실함의 새로운 근원이 되었던 것처럼, 우리의 모든 실패와 배신도 감사로 바뀔 수 있으며 우리로 하여금 소망의 사자(使者)가 되게 할 수 있다.

여섯.
가난한 자들이 주는 축복

정신적 장애자들을 위한 세계적인 공동체를 세운 캐나다인 진 배니어Jean Vanier는 예수님께서 "가난한 자들을 돕는 자들에게 복이 있다"고 하신 것이 아니라, "가난한 자에게 복이 있다"고 하셨음을 강조하였다.

이 말은 단순하지만 하나님 나라의 열쇠를 제공한다. 나는 돕기를 원한다. 도움이 필요한 사람들을 위해 무언가 하기를 원한다. 슬퍼하는 자들을 위로하고, 고통하는 자들의 고통을 덜어주기를 원한다. 그 바램이 잘못된 것은 아니다. 그것은 숭고하고 은혜로운 소원이다. 그러나 하나님의 축복이 내가 섬기기를 원하는 그 사람들을 통해서 온다는 것을 깨닫지 못한다면, 나의 도움은 얼마 안 가서 그치고 곧 기진해 버릴 것이다.

가난한 자가 더욱 가난해질 때, 어떻게 그들을 계속하여 도울 수 있는가? 병자들이 낫지 않을 때, 어떻게 그들을 계속하여 돌

볼 수 있는가? 그들의 죽음이 나에게 더 많은 슬픔을 가져올 뿐일 때, 어떻게 계속하여 죽어가는 이들을 위로할 수 있는가? 그 대답은 그들 모두가 나를 위한 축복을 가지고 있다는 것이다. 그리고 그것은 내게 필요한 축복이다.

사역이란 무엇보다 우리가 섬기는 그 사람들로부터 하나님의 축복을 받는 것이다. 그 축복은 무엇인가? 그것은 하나님의 얼굴을 흘끔 보는 것이다. 하나님을 보는 것이 천국이다. 우리는 예수님의 얼굴에서 하나님을 볼 수 있다. 그리고 우리의 돌봐줘야 하는 모든 사람들의 얼굴에서 예수님을 볼 수 있다. 언젠가 내가 진 배니어에게 "당신은 매일 그토록 많은 사람들을 만나고 그들의 많은 문제와 고통들을 들어 줄 힘을 어디서 얻습니까?"라고 물었더니 그는 부드럽게 미소지으며 "그들이 나에게 예수님을 보여주고 나에게 생명을 주지요"라고 말했다.

바로 여기에 그리스도인의 봉사의 위대한 비밀이 있다. 가난한 자들 속에 계신 예수님을 섬기는 사람들은 그들이 섬기는 그분에게서 섬김을 받는다. 성경말씀에 "주인이 띠를 띠고 그 종들을 자리에 앉히고 나아와 수종하리라"(눅 12:37)고 하셨다.

우리에게는 많은 축복이 필요하다. 가난한 자들은 우리를 축복하기 위해 기다리고 있다.

일곱.
아담의 선물

　가난한 자들이 그들을 돌보는 자들에게 주는 축복을 발견하는 데에는 오랜 시간이 걸린다. 나는 이전에 어느 관상 수도원의 원장이었던 브루노 신부가 몇 달 정도 우리와 함께 보내기 위해 '라르크 새벽 공동체'에 왔을 때 이것을 분명히 알게 되었다. 그 공동체는 그에게 "새 집"이라는 한 집에 거처하면서 아담을 돌보아 달라고 요청했다.
　아담은 매우 심각한 장애자이다. 아담은 말할 수도 없고 혼자서 걸을 수도 없다. 아담은 사람을 알아보지 못하며 손짓으로 의사 표시도 못한다. 그는 일어서고, 샤워를 하고, 옷을 입고, 양치와 면도를 하고, 머리를 빗는 등 모든 일에 도움을 필요로 한다. 그가 혼자서 할 수 있는 일은 먹는 일뿐이다. 아담은 먹는 것을 좋아한다. 숟가락을 단단히 손에 쥐고 그릇에 있는 음식을 떠서 입으로 가져간다. 그는 또 유리잔이나 컵을 들어서 우유나 주스도 마신다.

브루노는 아담을 사랑하게 되었다. 그는 그에게 모든 시간과 관심을 쏟았다. 세 달 동안 함께 지내면서 브루노와 아담은 아주 가까운 친구가 되었다.

브루노는 떠날 무렵에 나에게 와서 말하기를 "수도원장으로서 나는 영적 생활에 대해 많은 이야기를 하였고 또 스스로 그대로 살아 보려고 애를 썼지요. 나는 『무지의 구름』 등 신비가의 글을 연구했어요. 나는 생각, 감정, 느낌, 열정 등 내가 원하는 그 깊은 연합을 방해하는 모든 것들을 차츰 버리면서 하나님을 위해 나를 비워야 한다는 것을 알았어요. 그러나 아담을 만나면서 세상에서는 심한 장애자로 간주되지만 하나님의 임재의 심오한 은혜를 전하는 자로 선택된 자로 보게 되었어요. 아담과 함께 많은 시간을 보내면서 나도 모르게 깊은 내적 고요에 이르렀어요. 아담의 '비워짐' 안에 나를 위한 선물이 있었어요. 그것은 하나님의 사랑의 충만, 신비로운 삶에 대한 강력한 매력, 하나님과 하나된 삶이었습니다."

브루노의 말은 나에게 깊은 감동을 주었다. 나는 하나님이 부르노에게 아담을 보내셔서 그의 영적 인도자가 되게 하셨다는 것을 깨달았다.

여덟.
둘씩 둘씩

　여행, 특히 혼자서 하는 여행은 영적 생활에 좀처럼 유익하지 않는다. 비행기, 공항, 버스와 버스 정거장, 기차와 철도역은 이곳 저곳으로 이동하는 사람들로 늘 북적이며, 잡지와 책과 쓸모없는 물건들로 가득 차 있다. 그것은 너무 많고 너무 육욕적이고 너무 산란스러워 우리의 마음과 생각을 하나님께 집중시킬 수 없게 한다.

　나는 혼자 여행할 때면 너무 많이 먹고 너무 많이 마시고 너무 많이 주위를 돌아본다. 그러는 동안 내 생각은 불건전한 상상의 장소들을 방황하고, 나의 마음은 혼란스러운 감정과 느낌들과 더불어 표류한다.

　예수님은 우리가 혼자서 여행하는 것을 원하지 않는다. 그분은 우리를 둘씩 짝지어 보내시며 말씀하셨다. "보라 내가 너희를 보냄이 양을 이리 가운데 보냄과 같도다. 그러므로 너희는 뱀같이 지혜롭고 비둘기같이 순결하라."

정신적 장애자들의 공동체인 '데이브렉'에서 생활하게 된 이래 나는 좀처럼 혼자 여행하지 않는다. 그 공동체에서는 빌과 프란시스와 데이빗과 피터를 비롯하여 여러 장애자들과 함께 나를 내보내는데, 그것은 그들이 여행을 좋아할 뿐 아니라 나 역시 그들의 도움이 필요하기 때문이다. 그것은 얼마나 큰 차이를 가져오는지 모른다.

함께 여행하는 것은 나의 여행의 의미를 근본적으로 변화시켰다. 나의 여행들은 강연 여행이 아니라 선교 여행이 되었고, 유혹이 가득 찬 상황들이 아니라 영적인 모험이 되었으며, 고독의 시간이 아니라 공동체를 위한 기회가 되었다.

"두 세 사람이 내 이름으로 모인 곳에는 나도 그들 중에 있느니라"는 예수님의 말씀이 나에게 현실이 되었다. 우리는 함께 있을 때 주변의 유혹하는 세력들로부터 보다 잘 보호받으며, 우리 중 아무도 혼자서는 드러낼 수 없는 하나님에 관한 무엇을 드러낼 수 있다. 실로 함께 있을 때 우리는 뱀같이 지혜롭고 비둘기같이 순결할 수 있다.

Here and **Now**
07.

기도

하나.
테레사 수녀의 대답

여러 해 전에 나는 켈커타의 테레사 수녀를 만날 기회가 있었다. 그 당시 많은 문제들로 고민하고 있었던 나는 그 기회를 이용하여 그녀의 조언을 들으려 했다. 그녀를 만나자마자 나의 모든 문제와 어려움을 이야기하기 시작하였다. 그러면서 나는 그 모든 것이 얼마나 복잡한지 설명하려 했다.

나는 10분 정도 열심히 말했다. 테레사 수녀는 조용히 나를 바라보면서 입을 열었다. "글쎄요. 당신이 하루에 한 시간씩 주님을 찬양하고 당신이 알기에 나쁜 일은 절대로 하지 않는다면…모든 것은 잘 될 거에요."

그녀의 대답은 너무도 충격적이었다. 그녀의 말은 복잡한 자기-불평이라는 커다란 풍선을 터뜨리고 있는 나 자신 저 너머에 있는 참된 치유의 자리를 가리켜 주었다. 그것을 깨달은 순간 나는 더 이상 그녀와 대화를 계속할 필요를 느끼지 못했다.

그녀를 만나기 위해 밖에서 기다리고 있는 다른 사람들이 나보다 더 잘 그녀의 시간을 사용할 것으로 생각되었다. 그래서 나는 그녀에게 감사를 표하고 자리에서 일어났다. 몇 마디 되지 않은 그녀의 말은 나의 마음에 깊이 새겨져서 지금까지 그대로 남아 있다. 나는 이 말을 조금도 예기치 못했었지만, 그것은 직접적이고도 단순하게 내 존재의 핵심을 뚫고 들어왔다. 나는 그녀가 진리를 말하였다는 것, 그리고 내가 남은 삶을 그렇게 살아야 한다는 것을 알았다.

이 짧지만 결정적이었던 만남을 되돌아 볼 때, 나는 내가 세상적인 차원에서 문제를 제기하였고 그녀는 거룩한 차원에서 대답을 하였다는 것을 깨닫는다. 처음에 그녀의 대답은 나의 질문에 적합해 보이지 않았다.

그러나 곧 나는 그녀의 대답이 하나님 편에서 온 것이며 나의 불평의 자리에서 온 것이 아니었음을 알았다. 대부분 우리는 세상적 질문에 대해 세상적 대답을 한다. 그 결과는 더 많은 질문에 더 많은 대답을 하면서 더 많은 혼란을 야기시킬 뿐이다. 테레사 수녀의 대답은 나의 어둠을 꿰뚫는 한 줄기 빛과 같았다. 나는 갑자기 나 자신에 관한 진실을 알게 되었다.

둘.
걱정에서 기도로

염려를 멈추게 하는 가장 비효과적인 방법 중 하나는 염려를 일으키는 문제들을 생각하지 않으려고 애쓰는 것이다. 우리의 결심으로는 염려를 밀어낼 수 없다. 내가 잠자리에 누워 코 앞에 닥친 모임에 대해 염려할 때, 단순히 "그 일에 대해 생각하지 말고 잠이나 자자. 내일이 되면 모든 일이 다 잘 될 거야"라고 중얼거린다고 해서 염려를 멈추게 할 수는 없다. 나의 마음은 "네가 그것을 어떻게 알지?"라면서 다시 염려한다.

하나님의 나라와 그 의를 먼저 구하라는 예수님의 충고는 다소 역설적이다. 그것은 "만약 네가 염려하기를 원한다면, 염려할 가치가 있는 것들을 염려하라. 너의 가족이나 친구나 내일 있을 모임보다 더 큰 것들에 대해 염려하라. 하나님의 일들, 생명과 진리와 빛에 대해 염려하라!"고 해석할 수 있다.

그러나 우리가 이런 것들에 마음을 두면, 그 즉시 우리의 마음은 돌고 돌기를 멈춘다. 왜냐하면 우리는 지금 여기에 임재해 계시면서 우리에게 가장 필요한 것을 주시는 분과의 영적 교제에 들어가기 때문이다. 따라서 염려는 기도가 되며, 우리의 무력감은 하나님의 영으로 새 힘을 공급받는 경험으로 바뀌게 된다.

사실 우리가 걱정함으로 생명을 연장할 수는 없다. 그러나 우리의 짧은 수명의 한계를 훨씬 넘어갈 수 있으며 하나님의 사랑받는 자녀로서 영원한 생명을 요구할 수 있다.

그것이 우리의 걱정을 종식시키는가? 아마 그렇지는 않은 것 같다. 긴장과 압박으로 가득한 이 세상을 사는 동안 우리의 마음은 결코 염려에서 자유하지 못할 것이다. 그러나 우리가 계속하여 마음과 뜻을 다해 우리를 품으시는 하나님의 사랑으로 돌아올 때, 우리는 염려로 지친 우리 자신에게 미소지을 수 있으며, 우리의 눈을 열어 하나님 나라의 광경을 보고, 귀를 열어 하나님 나라의 소리를 들을 수 있을 것이다.

셋.
마음으로 드리는 기도

어떻게 해야 우리가 구체적으로 우리의 마음을 하나님 나라에 둘 수 있는가? 내가 잠자리에 누워 많은 걱정으로 잠을 이루지 못할 때, 일을 하면서도 잘못될 수 있는 모든 경우에 대해 근심할 때, 나의 마음이 죽어가는 친구에 대한 걱정에서 벗어날 수 없을 때 어떻게 해야 할까? 그럴 때 마음을 하나님 나라에 두어야 한다. 좋은 말이다. 그러나 그것은 어떻게 해야 하는가?

이 질문에 대한 답은 사람들의 생활 양식과 성품과 외적 환경이 서로 다른 만큼 무수히 많고 다양할 수 있다. 모든 사람의 필요에 적절한 구체적인 답이 없다. 그러나 유익한 방향을 제시할 수 있는 몇몇 대답은 있다.

한 가지 단순한 대답은 가능한 주의력을 집중하여 천천히 기도를 하면서 정신에서 마음으로 옮겨가는 것이다. 이것은 부러진 다리를 고쳐주길 원하는 사람에게 목발을 내미는 것과 같이 들릴 수 있다. 그러나 분명한 것은 마음에서 우러나는 기도가 치유를 가져온다는 것이다.

우리는 주기도문과 사도신경과 "아버지께 영광을"을 암송하는 일에서부터 시작할 수 있다. 혹은 시편 23편을 외울 수 있다: "여호와는 나의 목자시니…." 혹은 바울이 사랑에 관해 고린도 교인들에게 말한 것이나 성 프란시스코의 기도인 "주여, 나를 평화의 도구로 써주소서…"를 외울 수도 있다. 잠자리에 누워 있거나, 자동차를 운전하거나, 버스를 기다리거나 혹은 산책할 때, 자신의 전 존재를 다하여 그 기도문이 뜻하는 바에 귀를 기울이려고 애쓰기만 한다면 서서히 그 기도 중의 하나가 마음에 들어오게 할 수 있다.

우리의 마음은 염려로 한없이 흩어진다. 그러나 만약 그러한 기도문을 거듭 암송하다 보면, 점차 염려에 덜 사로잡히게 되며 실제로 기도를 즐기기 시작하게 될 것이다. 그리고 기도가 우리의 정신에서부터 우리의 존재의 핵심으로 내려갈 때, 우리는 그것이 지닌 치유의 능력을 경험할 것이다.

넷.
내게 부족함이 없으리로다

잘 알려진 기도문을 주의 깊게 암송하는 것이 우리의 마음을 하나님 나라에 두는데 유익한 이유는 무엇일까? 그것은 우리의 내적 염려를 내적 평안으로 바꾸는 힘을 지니기 때문이다.

나는 오랫동안 "여호와는 나의 목자시니 내가 부족함이 없으리로다. 그가 나를 푸른 초장에 누이시며 쉴 만한 물가로 인도하시는도다"라는 시편으로 기도해 왔다. 아침에 조용히 자리에 앉아 나의 생각을 내가 말하고 있는 바에 집중시키면서 삼십 분 동안 이렇게 기도했다. 그리고 일상생활을 하면서도 슬 기도했다.

그 말들은 나의 삶의 실체와 현저하게 대조된다. 나에게는 많은 것이 부족하고, 내가 보는 대부분은 분주한 도로나 지저분한 상점가며 거닐 만한 물가가 있다면 그 물은 거의가 오염되어 있다. 그러나 내가 계속하여 "여호와는 나의 목자시니…"를 말하며 하나님의 돌보시는 사랑이 나의 마음안에 보다 충만히 들어오게 할 때 그 분주한 도로와 상점가와 오염된 물가가 내가 누구인지에 대해 진실을 말하지 않는다는 것을 깨닫는다.

나는 세상을 지배하는 정사와 권세에 속한 것이 아니라, 자기의 양을 아시며 그의 양들 또한 그를 아는 선한 목자에게 속해 있다. 나의 주 나의 목자의 임재 안에서 진실로 내게 부족한 것은 없다. 그분은 나의 마음이 사모하는 안식을 주며, 우울의 어두운 늪에서 나를 끌어 올리신다.

수세기에 걸쳐 수많은 사람들이 같은 말씀으로 기도했으며 거기서 위로와 위안을 발견하였다는 것을 아는 것이 유익하다.

내가 이 말씀으로 기도할 때 혼자가 아니다. 나는 가까이나 멀리, 현재 살아 있거나 세상을 떠난 많은 사람들로 둘러싸여 있다. 그리고 내가 이 세상을 떠난지 오랜 후에도 사람들은 세상의 마지막까지 계속하여 이 기도문으로 기도를 드릴 것이다.

이 말씀들이 나의 존재의 핵심에 깊이 들어오면 들어올 수록 나는 더욱 더 하나님의 백성의 일부가 되고 세상에 존재하는 것들이 내게 무슨 의미가 있는지 더 깊이 이해하게 된다.

다섯.
복음서 묵상

  우리가 마음을 하나님 나라에 두기 위해 사용하는 구체적인 방법이 무엇이든지간에, 그것은 오직 우리를 주님께 더욱 가까이 다가가게 한다는 점이다. 어떤 기도 말을 주의 깊게 되뇌이는 방법이 매우 효과적이라는 사실이 입증되었다. 또 한 방법은 날마다 복음서를 묵상하는 것이다.

  내가 매일 아침 그 날을 위해 선택된 예수님에 관한 이야기를 읽고, 나의 내적인 눈과 귀로 그것을 보고 듣는 것은 크나큰 영적인 가치를 지닌다. 나는 오랜 기간 매일 말씀 묵상기도를 해 오면서 예수님의 생애가 내면에서 점점 더 생생하게 되고, 일상에서 나를 인도하고 있다는 것을 발견한다.

  종종 나는 나도 모르게 "오늘 아침에 내가 읽은 복음서 구절은 바로 오늘 내게 필요한 것이었구나"라고 말한다. 이것은 놀라운 우연의 일치가 아니다. 중요한 것은 복음서의 어떤 본문이 나의 구체적인 문제를 해결하는 데 도움이 되었다는 것이 아니라, 내가 묵상해 왔던 그 많은 복음서 구절이 차츰 나에게 세상에서 일어나고 있는 것을 보고 듣는 새로운 눈과 귀를 열어주고 있었다는 것이다. 복음서가 나의 많은 염려에 도움이 되었다는 것이 아니라, 복음서가 나의 염려의 무익성을 증명하고 따라서 나의 모든 관심의 초점을 재조정하였다는 것이다.

한번은 나의 두 친구가 결혼생활의 문제로 갈등을 겪고 있을 때, 내가 그들을 도우려고 애쓴 적이 있다. 그러나 날마다 복음서 이야기들을 읽으면서 내가 친구들을 하나님의 뜻에 온전히 순종하게 만드는 것보다 내 자신이 성공적인 상담가가 되는 데 더 관심이 있었다는 것을 깨달았다. 그것을 깨달음으로써 나는 그들의 문제를 성공적으로 해결하기 위해서 덜 안달하게 되었고 보다 자유롭게 하나님의 치유의 도구가 될 수 있었다.

복음서를 날마다 묵상하는 것은 하나님의 의와 나라를 먼저 구하기 위한 가장 직접적인 방법 중 하나이다.

여섯.
내면의 그림

복음서를 날마다 묵상하며 주의를 기울여 하나의 기도문을 반복하여 암송하는 일은 우리의 내적인 삶에 심오한 영향을 줄 수 있다. 우리의 내적인 삶은 잘 정돈되고 장식되어야 하는 거룩한 공간과 같다. 어떤 형태로 바치든 기도는 우리의 내면의 방을 하나님을 찾는 자들을 환영할 수 있는 방으로 만드는 유일한 방법이다.

내가 몇 주 동안 천천히 사도 바울의 "사랑은 언제나 오래 참고 사랑은 온유하며 투기하는 자가 되지 아니하며…자기의 유익을 구치 아니하며"라는 말씀을 되풀이하였을 때, 이 말은 의사의 진찰실에 걸린 면허장처럼 나의 내면의 방의 벽에 걸리기 시작하였다.

이것은 분명 환영幻影이 아니라 어떤 심상의 출현이었다. 나의 내면의 방의 벽에 신성한 낱말들이 걸린 그 그림의 심상은 나에게 기도와 사역의 관계에 대한 새로운 통찰을 주었다.

나는 낮에 사람들을 만날 때면 언제나 그들을 나의 내면의 방에 영접하며, 그 방에 걸려 있는 그림들이 우리의 만남을 인도해줄 것을 믿는다.

여러 해 동안 많은 새로운 그림들이 나의 내면의 방에 걸렸다. 어떤 것은 축복과 용서와 화목과 치유의 말을 어떤 것은 몸짓을 보여준다. 또 많은 것들은 얼굴들, 즉 예수님과 마리아의 얼굴, 리슈의 테레사와 샤를르 드 푸꼬의 얼굴, 라마크리쉬나와 달라이 라마의 얼굴 등을 보여준다.

우리의 내면의 방 벽에 그림들이 걸리는 것은 매우 중요하다. 우리의 삶에 들어온 사람들은 그 그림들을 통해 그들이 지금 어디 있으며 어디로 가야 할 것인지를 보게 된다. 우리가 기도와 묵상을 하지 않으면, 우리 내면의 방의 벽은 횅하게 비어 있을 것이며 거기서 영감을 받을 사람은 아무도 없을 것이다.

일곱.
영적 환경

　우리는 혼자 영적 생활을 할 수 없다. 성령의 삶은 씨앗과 같아서 자라기 위해서 비옥한 땅이 필요하다. 이 비옥한 땅은 내적인 좋은 성품뿐 아니라 그것을 뒷받침해 주는 환경도 된다.

　기도하지 않거나 기도에 대해 열성적으로 말하지 않는 환경에서 기도 생활을 하는 것은 매우 어렵다. 우리와 함께 살고 일하는 사람들이 사랑의 하나님이 계시다는 생각을 거부하거나 조롱한다면 하나님과 영적 교제를 깊이 이루어가기가 거의 불가능하다. 우리가 아는 사람들이나 대화하는 모든 사람들이 마음을 하나님 나라 이외의 것에 둘 때 계속하여 하나님의 의와 나라를 먼저 구하려면 초인적인 노력이 필요하다.

　세속적인 환경—하나님의 이름이 결코 언급되지 않으며, 기도도 알지 못하고, 성경도 결코 읽혀지지 않고, 성령 안에서의 삶이 전혀 대화에 등장하지 못하는 환경—에서 사는 사람들은 하나님과의 영적 교제를 오랫동안 지속할 수 없다. 나는 내가 사는 환경에 나 자신이 얼마나 민감한지 안다. 내가 공동체 안에 있을 때에 우리의 삶 속에 하나님께서 함께 하신다는 말이 쉽고 자연스럽게 나온다. 그러나 내가 토론토 시내에서 개최된 사업상의 모임에 참석하거나 혹은 에이즈 환자들과 함께 일하는 사람들과 있을 때, 하나님에 대한 대화는 종종 분위기를 어색하게 하며 혹은 어떤 이들을 분노하게 하고, 대개는 모든 사람을 불행하게 만드는 종교의 장·단점에 대한 비판으로 끝을 맺게 된다.

우리가 영적 생활에 관심을 가지고 있다면, 그것이 자라고 무르익을 수 있는 환경을 만들어야 할 책임이 있다. 비록 우리가 성령 안에서의 삶을 위한 이상적인 환경을 만들 수는 없을지라도 자주 우리가 생각하는 것보다 더 많은 선택의 기회들을 가진다.

우리는 하나님이 우리 속에 심으신 겨자씨를 큰 나무로 자랄 수 있게 하는 친구와 책과 교회와 미술과 음악과 방문할 장소와 함께 있을 사람들을 선택할 수 있다.

Here and **Now**

08.

긍휼

하나.
경쟁에서 긍휼로

모든 위대한 종교들의 중심되는 개념이 있다면, 그것은 "긍휼"이다. 힌두교와 불교와 이슬람과 유대교와 기독교의 경전들은 모두 하나님을 긍휼하신 하나님으로 말한다. 정치나 운동이나 경제 등 모든 분야에서 경쟁이 인간 관계의 지배적 방식이 되는 세상에서 참 신자들은 언제나 경쟁이 아닌 긍휼을 하나님의 방식으로 선포한다.

어떻게 해야 긍휼을 우리의 삶의 중심으로 만들 수 있는가? 불안하고 염려스럽고 취약하고 언젠가는 죽어야 할 존재—어디서나 어떻게든 생존을 위한 갈등에 휘말리는 존재—인 우리에게 경쟁은 상당한 만족을 주는 것으로 보인다. 대통령배 육상 대회에서나 올림픽 경기에서나 사람들이 가장 원하고 또 숭배하는 것은 승리이다.

그러나 예수님은 "하늘에 계신 너의 아버지께서 긍휼하신 것

같이 너희도 긍휼하라"고 말씀하셨다. 그리고 수세기를 통해 모든 위대한 영적 지도자들이 이 말을 되풀이 해왔다. 문자적으로 "함께 고통하다"를 의미하는 긍휼은 우리가 다른 이들과 다를 때가 아니라 우리가 그들과 동일할 때에 가장 자연스럽게 행동하게 된다는 진리를 가르친다. 사실 주된 영적인 질문은 "너는 무엇이 다른가?"가 아니라 "네가 무엇을 공유하는가?"이다. 우리를 가장 인간되게 하는 것은 "다른 사람들을 능가하는 것"이 아니라 "섬김"이다. 치유와 화해의 길은 우리 자신이 다른 이들보다 낫다는 것을 입증하는 데 있는 것이 아니라, 그들과 동일하다는 것을 고백하는 데 있다.

긍휼이란 다른 사람들이 고통받는 현장에 함께 있는 것이며 기꺼이 연약한 자들과 교제하는 것이다. 그것은 사람들 사이에 정의와 평화를 이루는 하나님의 방법이다. 그것이 가능할까? 그렇다. 가능하다. 그러나 그것은 우리가 사랑을 얻기 위해 경쟁할 필요가 없으며 우리를 긍휼하라고 부르시는 그분이 값없이 우리에게 사랑을 주신다는 것을 철저하게 믿을 때에만 가능하다.

둘.
사랑받는 자가 되라

　예수님은 말씀으로 뿐만 아니라 삶을 통해 우리에게 긍휼의 길을 보여주신다. 그분은 하나님의 사랑하는 아들로서 말씀하시고 사신다. 마태는 예수님의 생애에서 가장 중심되는 사건을 "예수께서 세례를 받으시고 곧 물에서 올라 오실새 하늘이 열리고 하나님의 성령이 비둘기 같이 내려 자기 위에 임하심을 보시더니 하늘로서 소리가 있어 말씀하시되 이는 내 사랑하는 아들이요 내 기뻐하는 자라 하시니라"(마 3:16-17)고 기술했다.

　이 사건은 예수님의 참된 신분을 계시한다. 예수님은 하나님의 사랑하시는 아들이다. 이 영적 진리가 그분의 모든 생각과 말과 행동을 인도할 것이다. 그것은 예수님께서 긍휼하신 사역을 행하실 기초이다. 이것은 그분이 물에서 나오셨을 때 임하셨던 동일한 성령이 그분을 광야로 이끌어 시험을 받게 하셨다는 데서 매우 분명해진다. 거기서 "시험하는 자"가 그분에게 와서 그분이 사랑받을 가치가 있는지 증명하라고 요구하였다. "시험하는 자"가 예수님에게 "돌을 떡으로 만드는 것과 같은 유용한 일을 하라. 높은 탑 꼭대기에서 뛰어내리는 것과 같은 세상을 떠들썩하게 하는 일을 하라. 나에게 충성을 맹세하는 것과 같은 권력을 얻을 수 있는 일을 하라"고 유혹했다.

이 세 가지 시험은 예수님을 유혹하여 사랑을 탈취하는 경쟁자가 되게 하려는 방법이었다. "시험하는 자"의 세상은 사람들이 유용하고 선풍적이고 유력한 일을 함으로써 애정과 존경을 가져다주는 메달을 얻음으로 사랑을 쟁취하려 하는 세상이다. 그러나 예수님은 매우 분명하게 "내가 사랑을 받을 가치가 있다는 것을 증명할 필요가 없다. 나는 하나님의 사랑하는 아들이다. 그분은 나를 기뻐하신다"고 대답하셨다.

예수님은 이 "시험하는 자"에 대해 승리하셨기 때문에 자유로이 긍휼의 삶을 선택할 수 있게 되었다.

셋.
낮은 곳에 임하는 길

궁휼의 삶은 하향 운동성의 삶이다. 상향 운동성이 규범인 사회에서는 하향 운동성은 권장되지 않을 뿐 아니라 심지어 아둔하고 불건전하고 어리석음으로까지 간주된다. 높은 보수를 주는 일자리가 있는데 누가 보수가 낮은 일자리를 택하겠으며, 부자가 될 수 있을 때 누가 가난을 택하겠는가? 주인공이 될 수 있는 기회인데 누가 조연을 하려고 하겠는가? 같은 시간에 많은 사람을 도울 수 있을 때 누가 곤경에 처한 소수의 사람들과 함께 하기를 택하겠는가? 또 사방에서 급한 일이 밀어 닥치는데 누가 고독한 자리를 찾아 기도하러 가겠는가?

이제까지 나는 "더 높이 올라가라"는 많은 선의의 격려를 받아왔다. 그럴 때마다 "당신은 거기서 훨씬 더 많은 사람들을 위해 더 많은 좋은 일을 할 수 있다"는 속삭임이 있었다. 그러나 높은 곳으로 가라는 이 소리는 복음서에는 없다. 예수님은 "자기 생명을 사랑하는 자는 잃어버릴 것이요 이 세상에서 자기 생명을 미워하는 자는 영생하도록 보존하리라"(요 12:25)고 말씀하셨다. 또한 "너희가 돌이켜 어린 아이들과 같이 되지 아니하면 결단코 천국에 들어가지 못하리라"(마 18:3)고도 하셨다.

그리고 "이방인의 집권자들이 저희를 임의로 주관하고 그 대인들이 저희에게 권세를 부리는 줄을 너희가 알거니와 너희 중에는 그렇지 아니하니 너희 중에 누구든지 크고자 하는 자는 너희를 섬기는 자가 되고 너희 중에 누구든지 으뜸이 되고자 하는 자는 너희 종이 되어야 하리라 인자가 온 것은 섬김을 받으려 함이 아니라 도리어 섬기려 하고 자기 목숨을 많은 사람의 대속물로 주려 함이니라"(마 20:25-28)고도 하셨다.

이것은 낮은 곳으로 임하는 길, 예수님의 낮아지심의 길이다. 그것은 가난한 자들, 고통당하는 자들, 소외자들, 갇힌 자들, 피난민들, 외로운 자들, 굶주린 자들, 죽어가는 자들, 고문 받는 자들, 집 없는 자들을 향한 길, 즉 긍휼을 구하는 모든 이들을 향한 길이다. 그들은 우리에게 무엇을 줄까요? 성공이나 인기나 권력이 아니라, 하나님의 자녀의 기쁨과 평안이다.

넷.
긍휼이 베푸는 선물

하향 운동성, 고통하는 자들에게로 가서 그들의 고통을 나누는 것은 자기학대적이며 심지어 병적인 것이다. 가난한 자들, 병든 자들, 죽어가는 자들과 함께 있는 데에 무슨 기쁨이 있겠는가? 긍휼 안에 무슨 기쁨이 있을 수 있는가? 그러나 아씨시의 성 프란시스코, 샤를르 드 푸꼬, 마하트마 간디, 알버트 슈바이처, 도로디 데이 등 많은 사람들은 결코 자기학대적이거나 병적이지 않았다. 오히려 그들 모두는 기쁨으로 충만했다. 그것은 세상이 알지 못하는 기쁨이 분명하다. 대중 매체가 말하는 기쁨은 성공과 인기와 권력에서 나온 것이다. 그러나 실상 이런 기쁨은 마음에 부담이 되거나 우울하기까지 하다.

긍휼에서 오는 기쁨은 인간에게 가장 잘 숨겨진 비밀이다. 극소수만이 이 기쁨을 알고 있으며, 거듭 새롭게 느껴지는 기쁨이다. 나는 이 기쁨에 대해서 어렴풋이 안다. 나는 정신적 장애자들의 공동체에 온 이후, 하루에 몇 시간은 그 공동체의 일원인 아담과 함께 지내라는 부탁을 받았다. 매일 아침 샤워시키고, 면도해주며, 이 닦아주고, 머리 빗겨 주고, 옷 입히고, 부엌으로 데리고 가서 아침을 차려주고, 그가 하루를 지내는 곳으로 데리고 간다. 처음 몇 주일 동안 잘못하지 않을까, 혹은 발작을 일으키지 않을까 하며 걱정했다. 그러나 점차 마음이 놓이면서 생활을 즐거워졌다. 몇 주간이 지나면서 아담과 함께 하는 시간을 기다리게 되었다. 아담을 알게 된 것에 대해 감사한 마음이 들었다. 아담은 비록 말 못하고 심지어 안다는 표시조차 할 수 없었지만 우리는 서로 진정한 사랑을 느낄 수 있었다. 아담과 함께 보내는 시간은 귀중한 시간이 되었다.

어느 날 한 친구가 와서 "장애자들을 돌보는 것보다 더 중요한 일이 있는데 이렇게 시간을 보내서야 되겠는지? 자네처럼 학식이 있는 사람이 고작하는 일이 이것인가?" 라고 말했다.

아무리 설명해도 내가 아담과 함께 하는 기쁨을 설명할 수 없었다. 이 기쁨은 스스로가 발견하는 것이기 때문이다. 이 기쁨은 긍휼이 주는 은밀한 선물이다. 우리는 이 점을 잊고 엉뚱한 곳에서 찾는다. 그러나 우리가 고통이 있는 곳으로 돌아올 때 우리는 이 세상의 것이 아닌 새로운 기쁨을 느끼게 된다.

다섯.
우리가 있는 바로 그곳

긍휼한 삶을 영웅적인 자기 부인의 삶으로 생각한다면 그것은 슬픈 일이다. 인기를 향한 상향적 움직임이 아니라 하나됨을 향한 하향적 긍휼은 영웅적인 제스쳐나 세상을 떠들썩하게 하는 것이라면 그런 방향 전환을 필요하지 않는다. 실제로 긍휼의 삶은 대부분 일상의 평범함에 감추어져 있다. 우리들이 존경하는바 긍휼한 삶의 본이 된 사람의 삶을 들여다 보면 일상에서 평범하고 작은 일에서 겸손되이 묵묵히 실천하고 있음을 알 수 있다.

정말 중요한 문제는 우리 모두가 테레사 수녀의 삶을 모방하는 것보다 우리와 함께 생활하는 사람들의 많은 작은 고통들에 대해 마음을 여는 것이다. 우리는 호기심을 자극하지 않는 이들과 기꺼이 시간을 보내는가? 우리는 직접적으로 우리의 관심을 끌지 않는 이들의 소리에 귀를 기울이는가? 세상에 대해서는 숨겨진 고통을 당하고 있는 이들을 긍휼히 여길 수 있는가?

세상에는 알려지지 않는 고통들이 많다. 안정감을 느끼지 못하는 십대의 고통, 서로간에 더 이상 사랑이 없다는 것을 느끼는 남편과 아내의 고통, 사람들이 자신보다 그가 가진 돈에 더 많은 관심을 가진다고 생각하는 부자의 고통, 가족과 친구들로부터 소외감을 느끼는 동성연애자들, 돌보아 주는 친구, 만족을 주는 일이나 화목한 가정이나 함께 생활할 안전한 이웃이 없는 무수한 사람들의 고통, 외로움을 느끼며 인생이 과연 살 가치가 있는지 의심하는 수많은 사람들의 고통 등이 있다.

우리가 생의 사다리 위를 보지 않고 아래를 보기만 한다면, 우리가 가는 곳 어디서나 사람들의 고통을 보며, 어디에 있든지 긍휼을 요구하는 호소를 듣는다. 참된 긍휼은 항상 우리가 있는 바로 그곳에서 시작된다.

여섯.
이웃과 함께 하는 고통

 긍휼은 동정과 다르다. 동정은 거리감, 심지어 생색을 내는 듯한 인상마저 준다. 종종 나는 동정심을 가지고 행동한다. 나는 거리의 거지에게 돈을 준다. 그러나 나는 그의 눈을 바라보거나 그와 함께 앉거나 그와 이야기하지 않는다. 나는 너무 바빠서 나에게 손을 내미는 그 사람에게 관심을 쏟을 수 없다. 나는 돈으로 나의 개인적 관심을 대신하고 그를 지나칠 수 있는 구실을 만든다.

 긍휼은 고통을 당하는 사람과 가까워지는 것을 의미한다. 그러나 우리는 자신이 기꺼이 약해질 수 있을 때 다른 사람에게 가까이 갈 수 있다. 긍휼한 사람은 "나는 당신의 형제다. 나는 당신의 자매이다. 나는 약하고 죽을 수밖에 없는 인간이다. 당신과 똑같은 인간이다. 나는 당신의 눈물 때문에 분개하지 않고, 또 당신의 고통을 두려워하지도 않는다. 나 역시 운적이 있고 고통을 느낀 적이 있다"고 말한다.

우리의 상대방이 "다른" 사람이길 그만두고 우리처럼 될 때 우리는 비로소 그 사람과 함께 있을 수 있다. 때로 우리가 긍휼을 보이기보다 동정을 보이는 것이 훨씬 쉽게 생각되는 것도 이런 이유 때문일 것이다. 고통하는 사람은 우리에게 우리 자신의 고통을 깨달으라고 요구한다. 자신이 고독해본 경험 없이 어떻게 다른 사람의 고독에 반응할 수 있겠는가? 내 자신의 장애를 인정하지 않고서 어떻게 장애를 지닌 사람들에게 가까이 갈 수 있는가? 내가 내 자신의 가난을 고백하기를 꺼리면서 어떻게 가난한 자들과 함께 할 수 있는가?

나의 삶을 되돌아 볼 때, 가장 위대한 위로와 위안의 순간은 누군가가 "나는 당신의 고통을 없애줄 수 없고 당신의 문제를 해결해 줄 수 없다. 그러나 한 가지 약속할 수 있는 것은 내가 결코 당신을 떠나지 않으며 할 수 있는 한 오래 당신과 함께 있으리란 것이다"라고 말했을 때였다.

우리의 삶에는 많은 슬픔과 고통이 있다. 그러나 우리가 슬픔과 고통을 홀로 짊어지지 않아도 된다는 것은 얼마나 큰 축복인가! 그것이 바로 긍휼이 주는 선물이다.

일곱.
침묵

    진정한 긍휼의 순간들은 죽는 날까지 우리의 마음에 새겨져 있을 것이다. 종종 이것들은 말이 없는 순간들, 깊은 침묵의 순간들이다.

    언젠가 나는 완전히 버려졌다는 느낌을 받은 적이 있었다. 나의 마음은 고뇌에 가득 차 있었고, 절망적인 생각만이 들었으며, 몸은 심하게 경련을 일으켰다. 나는 울고 소리를 지르고 주먹으로 마루와 벽을 쳤다. 두 친구가 나와 함께 있었다. 그들은 아무 말도 없이 그냥 그곳에 있었다. 여러 시간이 지나 내가 조금 진정되었을 때까지 그들은 그대로 거기 있었다. 그들은 나를 껴안고는 마치 어린 아이를 달래듯 조용히 나의 등을 두드려 주었다. 그 다음에 우리는 마루에 앉았다. 친구들은 나에게 마실 것을 갖다 주었다. 나는 말을 할 수 없었다. 침묵만이 있었다…그러나 그것은 안전한 침묵이었다.

오늘날 나는 그 경험을 나의 삶에서의 한 전환점으로 생각하고 있다. 그 친구들이 없었더라면, 내가 어떻게 살아 남을 수 있었을지 상상할 수도 없다. 나는 또 한 친구가 나에게 와서 그 날 아내가 그에게서 떠났다고 말하던 때를 기억한다. 그는 내 앞에 앉아 있었는데, 눈에서는 눈물이 하염없이 흘러내렸다. 나는 무슨 말을 해야 할지 알 수 없었다. 할 말이 없었다. 친구는 어떤 말도 필요치 않았다. 그가 필요로 한 것은 그저 내가 함께 있는 것이었다. 나는 그의 손을 꼭 잡았다. 우리는 말없이 그렇게 앉아 있었다. 한 순간 나는 어떻게, 그리고 왜 이 모든 일이 일어났는지 묻고 싶었다. 그러나 그때는 그런 질문을 할 적절한 때가 아니었다. 지금은 말없이 함께 앉아 있는 것이 두렵지 않은 친구들로서 그냥 함께 있는 것이 좋은 때였다.

그 날을 되돌아 볼 때 내 친구가 그의 슬픔을 나에게 맡긴 것에 대해 깊은 감사를 느낀다. 이런 긍휼의 순간들은 계속하여 열매를 맺는다.

여덟.
주고 받는다는 것

궁휼한 삶이 지닌 가장 아름다운 특징 중 하나는 거기에 항상 주고 받음이 존재한다는 점이다. 진실로 궁휼한 삶을 사는 사람은 누구나 "나는 내가 준 것 만큼 받았다"고 말한다. 캘커타의 빈민굴에서 사역하는 사람들, 리마와 상파울로의 가난한 사람들과 함께 사는 사람들, 에이즈 환자나 정신적 장애자들을 위해 삶을 바친 사람들은 모두 자기들이 돕는 사람들로부터 받는 선물들에 대해 깊은 감사를 표현할 것이다. 아마 이러한 주고 받음의 상호관계 보다 참된 궁휼을 나타내는 더 분명한 표시는 없을 것이다.

나의 생애에서 가장 기억할 만한 시간 중 하나는, 내가 페루 리마 부근의 팜플로나 알타에 사는 오스코 모레노 가족과 함께 살았던 때이다. 파블로와 그의 아내 소피아, 그리고 그들의 세 자녀 조니, 마리아, 파블리토는 매우 가난한 생활 가운데서도 나를 매우 환대해 주었다. 그들은 또 하루를 어떻게 살 것인가에 대한 염려로 가득한 생활 속에서도 미소와 애정과 유쾌함을 결코 잃지 않았다. 내가 페루에 간 것은 가난한 사람들을 돕고자 하는 열망 때문이었다. 그러나 그곳에서 돌아올 때, 나는 내가 받은 것에 대해 오히려 깊은 감사의 마음을 가졌다.

그후 하버드 신학교에서 강의할 때 나는 종종 "나의 가족"에 대한 진한 향수를 느꼈다. 나는 내 팔과 다리에 매달리고, 큰 소리로 웃으며, 과자와 음료수를 나와 함께 나누어 먹던 그 아이들이 몹시도 그리웠다. 팜플로나 알타의 가난한 사람들이 나에게 보여주었던 그 자발성과 친밀감과 관대함이 잊혀지지 않았다. 그들은 문자 그대로 나에게 사랑의 선물을 퍼부었던 것이다. 확실히 그들은 이 키 큰 미국인 아저씨와 함께 있는 것을 기뻐했고 심지어 자랑스럽게 여겼다.

내가 그들에게 준 것이 무엇이든지간에 그것은 내가 받은 것과 비교할 수 없었다. 우리는 긍휼의 보상을 기다려서는 안 된다. 그것은 긍휼 그 자체 속에 감추어져 있다. 나는 이것을 확실히 안다.

아홉.
자아, 대면이라는 선물

　때때로 긍휼의 삶은 우리가 받기를 원하지 않는 선물도 준다. 그것은 자아-대면이다. 페루의 빈민들은 나에게 나의 참을성 없음과 내 속에 깊이 자리잡은 효율성과 통제에 대한 욕구를 보여 주었다. '데이브렉 공동체'의 장애자들은 내 속에 있는 거부에 대한 두려움, 인정받고 싶은 욕망, 그리고 끊임없는 애정에의 갈구를 계속 지적한다. 나는 그와 같은 자아-대면의 한 순간을 매우 생생하게 기억한다. 텍사스에 강연 여행을 갔을 때, 나는 내가 사는 집에 사는 장애자인 레이몬드를 위해 큰 카우보이 모자를 샀다. 나는 그에게 그 선물을 주고 싶어서 들뜬 마음으로 집에 돌아왔다.

　그러나 주목받고 인정받고 싶어하는 욕구가 나 못지 않은 레이몬드는 나의 선물을 보자마자 소리를 지르기 시작하였다. "그 따위 바보같은 선물은 필요하지 않아요. 선물은 충분해요.

방에 쌓아 둘 자리도 없어요. 벽도 만원이에요. 그 선물 당신이 나 가져요. 나에게는 필요 없어요."

그 말은 나에게 깊은 상처를 주었다. 그러나 잠시 생각해보니 레이몬드는 내가 자신의 친구가 되기를 원했지만, 나는 그와 함께 시간도 보내지 않고 그에게 관심을 보이지는 않으면서 그에게 값비싼 선물을 주는 것으로 대신하려 했다는 것을 알게 되었다.

텍사스제 모자에 대한 레이몬드의 반응은, 나에게는 그와 개인적 관계를 맺고 진정한 우정을 발전시켜 나갈 능력이 없다는 것을 가르쳐 주는 것이었다. 그 모자는 우정의 표현이 아니라 그것의 대용물로 보였을 뿐이었다. 분명히 이 모든 것이 내 편이나 혹은 레이몬드 편에서 의도적으로 행해진 것은 아니다. 그러나 레이몬드의 감정적인 폭발로 인해 눈물을 흘리면서, 나는 내 눈물이 내 자신의 내적인 깨어짐에 대한 눈물이라는 것을 알게 되었다.

이 자아-대면 역시 긍휼한 삶의 선물이다. 그것은 받기 매우 어려운 선물이지만, 우리에게 많은 것을 가르쳐주며 우리 자신이 완전과 거룩을 추구하는 것을 돕는 선물이다.

열.
하나님의 마음

　세상에서 참으로 긍휼한 마음, 모든 사람들에게 언제나 열려 있는 마음을 가지고 산다는 것은 무엇을 의미하는가? 긍휼은 불쌍히 여김이나 감정이입 이상이라는 것을 깨닫는 것은 매우 중요하다. 우리가 사람들의 고통을 듣고 그들의 고통을 나의 고통으로 느끼라는 강요를 받는다면, 우리는 곧 감정적 한계에 부딪힐 것이다.

　우리는 잠시 동안, 그리고 몇몇 사람들의 고통만 들을 수 있을 뿐이다. 우리는 사회에서 인간의 불행에 대한 너무도 많은 "뉴스"를 듣는데, 단순히 그것이 과중하다는 이유만으로 우리의 마음은 쉽사리 마비된다.

　그러나 하나님의 긍휼하신 마음에는 한계가 없다. 하나님의 마음은 인간의 마음보다 무한히 크다. 우리가 기진하거나 마비됨이 없이 모든 사람을 사랑할 수 있게 하기 위해서 하나님께서 우리에게 주시려는 것은 바로 그 신적인 마음이다. 우리가 "하나님이여 내 속에 정한 마음을 창조하시고 내 안에 정직한 영을 새롭게 하소서 나를 주 앞에서 쫓아내지 마시고 주의 성신을 내게서 거두지 마소서"(시 51)라고 기도하면서 구하는 마음도 이 긍휼한 마음이다.

하나님의 성령이 우리에게 주어진 것은 우리가 하나님의 긍휼에 참여하는 자가 되어, 언제나 하나님의 마음으로 모든 사람에게 다가갈 수 있게 하기 위함이다.

Here and **Now**
09.

가족

하나.
부모 곁을 떠남

나는 거의 일생 동안 "내 이름을 위하여 네 부모와 형제자매를 떠나라"고 하신 예수님의 말씀을 문자적으로 해석하였다. 나는 이 말씀을 가족을 떠나 결혼을 하거나, 수도원이나 수녀원에 들어가거나, 선교 사역을 위해 먼 나라로 가는 데 대한 부르심으로 생각하였다. 나는 예수님의 이름을 위해 그와 같은 떠남을 감행한 이들에게서 여전히 감동을 받지만, 나이가 들면서 이 "떠남"에 보다 깊은 의미가 있다는 것을 발견한다.

최근에 나는 부모님과의 관계와 형제 자매와의 관계가 우리의 정서적인 삶에 얼마나 많은 영향을 끼치는가를 알게 되었다. 이 영향은 너무도 강하여, 심지어 오래 전에 부모를 떠난 어른들조차 정서적으로는 여전히 부모님과 결속되어 있다. 최근에서야 나는 내가 아직도 나의 아버지가 내가 원하는 식의 관심을 보여주시기를 바라면서 그를 변화시키기를 원하고 있다는 것을 깨달았다.

또 최근에 나는 많은 나의 친구들의 내적인 삶이 그들의 가족 관계에서 유래하는 분노와 분개와 환멸감의 지배를 받고 있는 것을 보았다. 그들이 오랫동안 부모를 만나지 않은 때, 혹은 부모가 이미 돌아가셨을 경우라도, 그들은 진정으로 집을 떠나지 않았다. 특히 자신이 어린 시절에 학대를 당한 것을 알게 된 사람들은 이 모든 것을 매우 뼈저리게 느낀다. 불현듯 떠오르는 어린 시절 가정의 상황이 그들은 몹시 고통스럽게 할 수 있다.

이런 맥락에서 볼 때, 부모와 형제 자매를 떠나라는 예수님의 부르심은 완전히 새로운 의미를 가진다. 우리는 우리의 가장 깊은 소명을 따르는 것을 방해하는 정서적인 굴레를 기꺼이 벗어날 수 있는가? 이 질문은 우리의 정서적 영적 행복을 위한 심오한 함축을 지닌다.

둘.
자유로이 예수님을 따름

예수님을 위하여 부모와 형제 자매를 떠나는 것은 평생 이루어야 하는 과업이다. 우리가 어린 시절의 긍정적인 경험 뿐 아니라 부정적인 경험에 얼마나 집착하는지, 그리고 그것을 모두 버리고 자립하는 것이 얼마나 어려운지를 깨닫는 데는 오랜 시간이 걸린다. 좋은 집이든 나쁜 집이든 간에, "집"을 떠나는 것은 우리의 삶에 있어 가장 위대한 도전에 속한다.

가족과 고향을 떠난지 20년도 넘었을 때, 나는 내가 아직도 부모님의 기대에 부응하여 살려고 애쓰고 있다는 것을 알게 되었다. 나의 일 습관과 직업상의 결정과 삶의 선택들이 여전히 나의 가족을 기쁘게 하려는 욕구에 의해 깊이 지배되고 있다는 것을 알았을 때, 그것은 나에게 실로 충격적이었다.

나는 아직도 그들이 자랑스럽게 여기는 아들이나 형제가 되기를 원하고 있었다. 내 자신 속에서 이것을 발견하였을 때, 나는 친구들의 삶 속에서도 그것을 볼 수 있었다. 그들 중 일부는 이미 장성한 자녀를 두고 있음에도 불구하고 그들이 부모들로부터 경험한 거부감으로 인해 고통받고 있었다.

자수성가하여 많은 보상과 대가를 얻은 사람들도 언젠가 그들의 부모가 그들의 재능을 인정할 날이 있기를 바라는 깊은 소원을 지니고 있었다. 개인적 관계나 일에서 많은 실패를 경험한 사람들 역시 여전히 그들의 불행의 원인을 부모들의 탓으로 돌렸다. 나이가 들면서, 우리는 우리의 삶의 형성기에 주된 영향을 미쳤던 이들과 우리가 얼마나 깊이 관련되어 있는지 더욱 깊이 깨닫는다.

예수님은 우리를 자유롭게 하시기 원한다. 우리가 우리의 소명을 완전하게 따르는 것을 방해하는 모든 것으로부터, 우리가 하나님의 무조건적인 사랑을 충분히 아는 것을 방해하는 모든 사람으로부터 자유케 하시기를 원한다. 그 자유에 이르기 위해 우리는 아버지와 어머니와 형제 자매를 계속하여 떠나야 하며…심지어 우리가 가고 싶지 않은 곳이라도 담대하게 그분을 따라가야 한다.

셋.
용서와 감사

　부모와 형제 자매를 떠나는 가장 중요한 방법 두 가지는 용서와 감사이다. 가족들이 내가 원한 만큼 사랑해주지 않은 것에 대해 가족들을 용서할 수 있는가? 아버지가 강요적이거나 권위적이고, 무관심하고, 냉담하고, 필요할 때에 자리에 없고, 혹은 단순히 우리 외에 다른 사람들이나 일에 더 많이 관심을 보이는 것에 대해 용서할 수 있는가? 소유적이고, 꼼꼼하고, 지배적이고, 선입관에 사로잡혀 있고, 음식이나 술이나 혹은 약물에 중독되고, 지나치게 바쁘거나, 혹은 단순히 우리보다 자신의 일을 더 많이 염려한 우리의 어머니들을 용서할 수 있는가? 우리와 함께 놀아 주지 않고, 친구들도 소개해 주지 않고, 함께 정답게 이야기하지 않고, 혹은 자신을 바보스럽고 쓸모없이 느끼게 한 우리의 형제와 자매를 용서할 수 있는가?
　용서해야 할 것들이 매우 많다. 그것은 우리 가족이 관심이나 애정이 적었기 때문이 아니라 우리가 받은 모든 사랑이 불완전하고 제한적이었기 때문이다. 우리들의 부모님 역시 그들을 완전하게 사랑하지 못한 부모님의 자녀들이다. 우리 조부모님들 역시 이상적인 부모님을 가지지 못했을 것이다.

용서할 것이 너무도 많다. 그러나 우리가 부모님과 조부모님과 조부모의 부모님들을 사랑받기를 원하지만 충족되지 못한 많은 욕구를 가졌던 분, 우리와 똑같은 사람들로 보고자 한다면 우리는 우리의 분노와 분개, 심지어 우리의 증오까지도 극복하며 그들의 제한된 사랑이 참 사랑이었으며 마땅히 감사할 수 있는 사랑이었음을 발견할 것이다.

일단 우리가 용서할 수 있다면, 우리는 받은 모든 것에 대해 감사할 수 있다. 사실 우리는 너무도 많은 것을 받았다. 우리는 걷고, 이야기하고, 미소짓고, 움직이고, 웃고, 울고, 먹고, 마시고, 춤추고, 놀고, 일하고, 노래하고, 생명을 주고, 기쁨을 주고, 희망을 주고, 사랑을 줄 수 있다.

우리는 살아 있다. 부모님은 우리에게 생명을 주었으며, 우리의 형제와 자매들은 그 삶을 살할 살 수 있도록 도왔다. 우리가 그들의 명백한 약점에 사로잡히지 않는다면, 우리는 감사할 수 있는 것이 얼마나 많은지 분명하게 볼 수 있다.

넷.
우리들의 어머니와 아버지

'아버지와의 대화'라는 브로드웨이 영화에 등장하는 한 유명한 작가는 뉴욕에서 작은 술집을 경영하는 아버지가 언젠가 자신의 작품을 읽고 칭찬해 주었으면 하는 희망을 가지고 있었다. 그러나 그런 일은 일어나지 않았다. 오히려 그의 아버지는 아들에게 말한다. "나는 에드(아버지의 이름)일 뿐이야. 나는 책은 읽지 않아. 그냥 에드로 놔둬." 마침내 그 아들은 변해야 할 사람은 자기 자신임을 깨닫고 아버지를 있는 그대로 사랑하게 된다. 그때 비로소 그들은 형제가 될 수 있다.

인생에서 일어날 수 있는 가장 아름다운 일 중 하나는 부모가 자기 자녀들을 위해 형제와 자매가 되고, 자녀가 부모를 위해 아버지와 어머니가 되며, 형제와 자매가 친구가 되고, 모든 각기 다른 시기와 다른 경우에 가족들이 부성과 모성과 형제애와 자매애를 받아 누리는 것이다.

그러나 이것은 떠남이 없이는 일어날 수 없는 일이다. 우리를 불완전한 사랑에 계속하여 포로가 되게 하는 끈들을 우리가 얼마나 끊어버렸는가에 따라, 우리는 우리가 버리고 떠났던 그들을 아버지, 어머니, 형제, 자매로서 자유롭게 사랑할 수 있으며, 그들의 사랑 또한 받을 수 있다. 이것이 바로 예수님이 "내가 진실로 너희에게 이르노니 나와 및 복음을 위하여 집이나 형제나 자매나 어머니나 아비나 자식이나 전토를 버린 자는 금세에 있어 집과 형제와 자매와 모친과 자식과 전토를 백 배나 받되 핍박을 겸하여 받고 내세에 영생을 받지 못할 자가 없느니라"(막 10:29-30)고 말씀하신 의미이다.

부모를 떠나는 일의 위대한 비밀은 실로 그들의 제한된 사랑이 우리가 어디에 가든지 나타나고 배가 되는 데 있다. 왜냐하면 오직 우리가 떠날 때에만, 우리가 집착했던 그 사랑이 참된 근원을 드러낼 수 있기 때문이다.

다섯.
용서 받음

우리에게는 부모가 있고, 또 그 자신이 부모이기도 하다. 이 단순한 진리는 우리의 정신을 번쩍 들게 한다. 이는 우리의 자녀들 역시 그들의 친구와 상담가와 정신과 의사와 목사들에게 우리에 관해 이야기하는 데 많은 시간을 보내지 않으리라는 보장이 없기 때문이다. 우리는 우리의 부모들이 범한 것과 동일한 실수를 범하지 않으려고 무척 애를 썼다.

그러나 우리의 자녀들은 우리가 우리의 부모들보다 관용하는 태도를 보였을 때, 엄격하지 않았다고 불평할 수도 있다. 또 우리가 자녀들에게 그들 나름의 생활 방식이나 종교나 직업을 자유롭게 선택하도록 허용했을 때, 그들은 우리를 구체적인 방향을 지시해주지 못한 유약한 성격의 소유자라고 비난할 수 있다.

우리의 삶의 비극은 사랑하는 사람들이 우리에게 입힌 상처로 고통받는 반면에, 또 우리가 사랑하는 사람들에게 상처를 입히지 않을 수 없다는 것이다. 우리는 사랑하고 잘 돌보고 이해하기를 원하지만, 우리가 나이가 들기 전에 "내가 아버지(혹은 어머니)를 가장 필요로 할 때, 아버지는 거기 있지 않았어요. 아버지는 내가 무엇을 하거나 무엇을 생각하는지 전혀 관심이 없었어요. 아버지는 나를 이해하지 못했고 이해하려고 애쓰지도 않았어요"라고 말하는 것을 듣게 될 것이다. 우리가 이런 말을 듣거나 사랑하는 이들의 비난을 받게 될 때, 우리는 고통스럽지만 우리가 자신의 부모와 형제 자매를 떠나야 했던 것처럼 그들 역시 그들 나름의 자유를 찾아 우리를 떠나야 한다는 것을 깨닫는다. 우리의 삶을 바쳐 사랑했던 사람들이 우리를 떠나는 것을 보는 것은 매우 고통스럽다.

여기에서 우리는 모든 부성과 모든 모성이 하나님으로부터 유래한다는 진리를 믿어야 한다. 오직 하나님만이 우리가 원하는 만큼 우리를 사랑하실 수 있는 아버지시요 어머니이다. 이 믿음을 굳건히 붙잡을 때 우리가 자유함을 얻어 우리의 부모님을 용서할 뿐 아니라, 우리의 자녀들이 우리를 용서할 수 있게 된다.

여섯.
자녀는 하나님의 선물

부모가 된다는 것은 나그네에게 좋은 주인이 되는 것과 같다! 우리는 자녀들이 우리와 같다고 생각할 수 있다. 그러나 실제로 우리는 자녀들이 우리와 얼마나 다른지 발견하면서 끊임없이 놀란다. 우리가 자녀들의 지성이나 예술적 재능이나 운동 소질로 기뻐하거나 혹은 그들의 학습 부진이나 무절제함이나 "이상한" 취미들로 인해 슬퍼할 수 있다. 우리는 많은 면에서 우리의 자녀들에 대해서 모르고 있다.

우리는 자녀들을 창조하지 않았으며, 우리가 그들을 소유하는 것도 아니다. 이것은 좋은 소식이다. 그들의 모든 문제들에 대해 우리 자신을 책망할 필요가 없다. 물론 그들의 성공 역시 우리 자신의 것으로 주장할 수 없다.

자녀들은 하나님께서 주신 선물이다. 그들을 우리에게 주신 것은 우리로 하여금 그들에게 내적이며 외적인 자유를 위해 자라나기에 안전하고 사랑스러운 장소를 제공하도록 하기 위함이다. 그들은 환대를 요구하고 얼마 동안 좋은 친구로 지내다가 다시 여행을 떠나는 나그네와 같다. 그들은 엄청난 기쁨과 슬픔을 가져다 준다. 그것은 그들이 선물이기 때문이다. 속담에 있는 대로, 좋은 선물은 "두 번 주어진다." 우리는 받았던 선물을 다시 돌려주어야 한다. 우리의 자녀가 학업이나 직장이나 결혼이나 공동체 삶을 위해서, 혹은 단순히 독립하기 위해 우리 곁을 떠날 때에 슬픔과 기쁨이 엇갈리게 된다. 왜냐하면 이 때 "우리의" 자녀가 실제로 "우리의 것"이 아니라, 그들이 다른 이들을 위한 참된 선물이 되기 위해서 우리에게 맡겨졌던 것임을 깊이 느끼기 때문이다.

특히 이 난폭하고 착취적인 세상에서 자녀들에게 자유를 허용하기는 너무도 어렵다. 우리는 모든 위험에서 그들을 보호하기를 간절히 원하지만 그렇게 할 수 없다. 그들은 우리에게 속해 있지 않고 하나님께 속해 있다. 그리고 하나님을 믿는 가장 위대한 행위 중 하나는 우리의 자녀들로 하여금 그들 나름의 결정을 내리게 하고, 그들 자신의 길을 찾도록 허용하는 것이다.

일곱.
사랑의 아픔

  우리의 가장 큰 고통은 종종 우리가 다른 이들, 특히 우리가 너무도 사랑하는 이들을 도울 수 없다는 데서 온다. 나와 매우 절친한 친구는 아들이 고등학교를 졸업한 후 대학에 진학할 것을 고대해 왔다. 그는 아들로 하여금 여러 학교들을 찾아 보게 하면서 과연 그가 어떤 학교를 선택할지 궁금해 하면서 기다렸다. 그러나 학교를 졸업한 후, 그 아들은 "멍청해 보이는" 여학생과 함께 낡은 빨간 콘버터블(지붕을 집어넣을 수 있게 된 자동차—역주)을 타고 집에 와서는, 그 여학생과 함께 도로변에서 자고 돈이 떨어지면 일자리를 얻어 가면서 서부 여행을 하겠다고 말하더라는 것이었다.

  나의 친구는 마약과 섹스와 광란밖에는 상상할 수 없었으며, 아들의 생존 자체를 두려워 했다. 그리고 그의 생각은 옳았다. 그러나 그의 간청과 경고는 "부르조아적인" 환경을 탈출하여

"진짜 세상"을 탐험하고자 하는 아들의 결심을 더욱 부채질할 뿐이었다. 그것은 매우 두려운 상황이었으며, 내 친구의 두려움은 상상을 초월하게 커져만 갔다.

그러나 나에게 있어 최후의 질문은 "이 빗나간 십대들을 어떻게 도울 것인가?"가 아니라 "그 아버지가 그 아들에 의해 파괴되는 것을 어떻게 막을 것인가?"라는 것이었다. 나는 그에게 계속하여 "자네 아들에게 무슨 일이 일어나든지간에, 아들 때문에 자네의 잠과 식욕과 모든 기쁨을 잃어서는 안되네. 자네는 한 인간으로서 자네 자신의 달란트와 재능을 귀중히 여기고, 과거 어느 때보다 더 전적으로 자네 자신의 삶을 살아야 하네"라고 말하였다.

나 역시 친구와 같은 염려를 하고 있었기 때문에 이렇게 말하는 것이 쉬운 일이 아니었다. 그러나 그는 아들의 떠남이 고통스러워도 허락해야 했다. 그것은 육체적으로 뿐만 아니라 정서적으로 떠나보내는 것이었다. 이렇게 해야 후에 그 아들이 돌아올 때에, 그는 집에서 건강한 모습으로 아들을 만나게 될 것이다.

여덟.
걱정

사람들은 종종 "염려하지 말라. 모든 것이 잘될 것이다"라고 말한다. 그러나 우리는 염려하며, 누군가가 염려하지 말라고 한다고 해서 염려를 멈추지는 못한다. 삶의 고통스러운 일 중 하나는, 우리가 우리의 자녀, 친구, 배우자, 직업, 미래, 나라와 세상, 그밖에 무수한 일들에 대해 많은 염려를 한다는 것이다. 우리는 예수님의 질문에 대한 답을 안다: "너희 중에 누가 염려함으로 그 키를 한 자나 더할 수 있느냐"(마 6:27).

우리는 염려가 우리에게 전혀 도움이 되지 않으며 우리의 문제를 전혀 해결해주지 못한다는 것을 안다. 그러나 여전히 우리는 많이 염려하고, 따라서 많이 고통을 당한다. 우리는 염려를 멈추고 싶지만 어떻게 해야 할지 모른다. 비록 오늘 그토록 염려하던 것을 내일 깡그리 잊어버릴 수 있다는 것을 알지만, 우리는 여전히 여러 가지 근심에서 벗어나지 못한다.

매우 자상하고 기도를 많이 하셨던 나의 어머니는 특히 나와 누이와 동생들에 대해 많은 염려를 하셨다. 내가 집에 머물 때면, 어머니는 내가 안전히 집에 돌아왔는지 확인하기 전에는 결코 주무시지 않았다. 내가 친구들과 어울려 밤늦도록 거리를 헤매기를 좋아했던 십대였을 때 뿐만 아니라, 나이가 들어 비행기와 기차와 버스로 널리 또 멀리 여행을 하고 위험한 상황들을 겪어 본 후에도 역시 그러하였다. 내가 집에 돌아왔을 때 언제나, 내가 열 여덟 살이었든 마흔 살이었든, 나의 어머니는 아들이 안전하게 잠자리에 든 것을 확인하기 전까지는 염려하며 깨어 계셨다. 우리들 대부분이 이와 비슷하다. 그러므로 실제적인 질문은 다음과 같다.

'우리가 좀 덜 염려하고 좀 더 평화를 누리기 위해 무엇을 할 수 있는가? 만약 우리가 염려함으로써 아무 것도 바꾸지 못한다면, 어떻게 우리를 얽매는 근심스러운 되새김으로 시간과 정력을 낭비하지 않도록 우리의 마음과 생각을 훈련할 수 있는가?'

예수님은 "너희는 먼저 그의 나라와 그의 의를 구하라"고 말씀하셨다. 이 말씀은 올바른 방향을 지시해준다.

Here and Now
10.

인간 관계

하나.
친밀함의 복잡성

　사랑하는 것은 어려운 일이다. 우리가 사는 사회에서, 사랑은 우리 모두가 갈망하는 아름다운 이상으로 노래되고 기술되고 말해진다. 그러나 마돈나가 사랑의 노래를 부르고, 영화속에서는 우리에게 사랑을 만드는 가장 친밀한 방법을 보여주지만, 일상의 현실은 대부분의 우정이 오래 지속되지 못하며, 많은 연인들이 결합되지 못하고, 무수한 결혼들이 허물어지며, 수많은 공동체들이 위기에서 위기로 치닫는다는 것이다.

　인간 관계에 엄청난 분열이 있다. 오늘날만큼 사랑에 대한 욕구가 직접적으로 표현된 적이 없는 반면에, 또 오늘날만큼 일상의 외양에서 사랑이 그토록 상실되어 보인 적도 없다. 극도로 경쟁적인 사회에서 우정과 친밀감과 연합과 교제에 대한 허기와 갈증이 엄청난 반면, 이 허기를 채우고 이 갈증을 해소하는 것이 오늘날만큼 어려운 적도 없었다. 그 모두의 중심되는 낱말은 "관계"이다. 우리는 우리의 고립과 고독을 깨뜨리고 안락함과 소속감과 안전감과 연결됨의 경험을 제공하는 관계를 이루기를 원한다. 그러나 우리가 그와 같은 관계를 찾을 때마다, 우리는 곧 누군가와 가까워지는 것의 어려움과 사람들 사이의 친밀함의 복잡성을 발견한다.

우리의 외로움을 달래줄 사람을 만나게 되면 곧 꿈에서 깨어나게 된다. 잠시 우리에게 완전성과 내적 평화의 경험을 제공한 그 사람은 곧 우리에게 영원한 행복을 줄 수 없으며 우리의 외로움을 없애 주는 대신 우리에게 그것의 깊이를 더욱 분명하게 보여줄 뿐이라는 것이 드러나게 된다.

다른 사람이 나의 깊은 갈망을 만족시켜주리라 기대가 클수록 그 사람과 관계가 깨어진다면 괴로움은 더욱 크다. 그리고 친밀함에 대한 우리의 갈망은 쉽사리 요구로 변한다. 그러나 우리가 다른 사람에게서 사랑을 요구하기 시작하면 곧 사랑은 폭력으로 변한다. 돌봄이 구타로, 입맞춤이 깨무는 것으로, 부드럽게 바라보는 것이 의심의 눈초리가 되며, 듣는 것이 엿듣는 것으로, 성관계가 강간이 되어 버린다. 우리 사회에서 사랑에 대한 강한 욕구와 폭력의 격한 폭발이 밀접하게 관련된 것을 보면서 결정적인 문제에 부딪친다. 무엇이 사랑인가?

둘.
함께 부름받음

 다른 사람을 사랑한다는 것은 무엇을 의미하는가? 상호 애정, 지적 양립성, 성적 매력, 공통의 이상, 공통된 경제적 문화적 종교적 배경 등은 좋은 관계를 이루기 위한 중요한 요소들일 수 있다. 그러나 그것들이 사랑을 보증하지는 않는다.
 언젠가 나는 결혼하기를 원하는 젊은 남녀 한쌍을 만났다. 그들은 둘 다 인물도 좋고, 매우 지적이며, 가정 환경도 비슷하고, 또 서로 매우 사랑하고 있었다. 그들은 유능한 심리 요법가들과 많은 시간을 보내면서 자기들의 심리적 과거를 탐구하고 정서적 강점과 약점들을 찾아내었다. 모든 면에서 결혼과 행복한 삶을 위한 그들의 준비는 부족함이 없어 보였다.
 그러나 아직 '이 두 사람이 잠시 동안이나 혹은 몇 년이 아닌 일생을 서로 사랑하며 살 수 있을까?'라는 질문이 내게 남아 있었다. 나는 그것을 그들만큼 확신할 수 없었다. 그들은 오랫동안 서로 만나고 서로에 대한 사랑의 느낌을 확인하였다. 그러나 지속적인 관계를 거의 뒷받침해 줄 수 없는 이 세상에서 어떻게 그들이 그들의 관계를 지속해 갈 것인가? 갈등, 경제적 압력, 깊은 슬픔, 질병, 어쩔 수 없는 이별의 시간 등을 맞이하게 될 때 서로에게 끝까지 신실할 수 있는 힘은 어디에서 오는가? 이 남자와 이 여자가 죽을 때까지 남편과 아내로 서로를 사랑한다는 것은 무엇을 의미할까?

이것을 곰곰히 생각하면서 나는 결혼은 소명이라는 것을 더욱 깊이 느낀다. 두 사람이 하나님께서 주신 사명을 성취하도록 함께 부름을 받았다. 결혼은 영적 실체이다. 말하자면 한 남자와 한 여자가 함께 살게 되는 것은 그들이 서로에 대한 깊은 사랑을 경험해서가 아니라, 하나님께서 그들 각각을 무한한 사랑으로 사랑하시며 서로에게 그 사랑에 대한 산 증인이 되게 하기 위해 그들을 부르셨기 때문이다.

사랑하는 것은 또 다른 한 인간과의 신실한 연합에서 하나님의 무한한 사랑을 구현하는 것이다.

셋.
하나님 사랑의 산 증인들

　부모와 자녀간이든, 남편과 아내와의 관계, 혹은 연인과 친구와의 관계, 혹은 공동체 구성원간의 관계이든지 전체로서나 개인으로서 인류에 대한 하나님의 사랑을 나타내는 데에 그 목적이 있다. 이것은 매우 특이한 관점이다. 그러나 그것은 예수님의 관점이다. 예수님은 "내가 너희를 사랑한 것 같이 너희도 서로 사랑하라 너희가 서로 사랑하면 이로써 모든 사람이 너희가 내 제자인 줄 알리라"(요 13:34-35)고 하셨다. 예수님은 우리를 어떻게 사랑하실까? "아버지께서 나를 사랑하신 것 같이 나도 너희를 사랑하였으니"(요 15:9)라고 하셨다. 우리를 향한 예수님의 사랑은, 우리를 향한 하나님의 사랑을 완전하게 나타내신 것이다. 이는 예수님과 아버지는 하나이기 때문이다: "…아버지께서 내 안에 계셔 그의 일을 하시는 것이라 내가 아버지 안에 있고 아버지께서 내 안에 계심을 믿으라"(요 14:10-11).

이 말씀은 매우 비현실적이며 불가해한 것일 수 있으나, 우리가 일상 생활에서 우리의 관계를 어떻게 해야 하는지를 직접적이고 근본적으로 말해주는 것이다. 예수님은 우리가 하나님의 사랑의 산 증인이 되도록 하나님께 부름받은 것을 알려 주신다. 우리는 예수님을 따르고, 예수님이 우리를 사랑한 것 같이 서로 사랑함으로써 증인이 되는 것이다. 이는 결혼과 우정과 공동체에 관해 무엇을 말하는가? 그것은 이런 관계들을 지탱하는 사랑의 근원이 파트너에게 있는 것이 아니라, 그 파트너들을 함께 부르신 하나님께 있다는 것을 의미한다. 서로를 사랑하는 것은 적대적인 세상에서 살기 위해 서로에게 의지하는 것이 아니라, 모든 사람이 우리를 하나님의 사랑을 세상에 보여주는 사람들로 인정하기 위해 함께 사는 것이다.

　모든 부성과 모성이 하나님께로 왔으며, 모든 우정과 부부 관계와 친교와 공동체가 하나님께로부터 온다. 마치 인간관계가 인간에 의해 만들어지고, 인간의 규정과 관습에 따라 변화하는 것으로 여긴다면 분열과 소외 외에는 이 세상에서 기대할 것이 없다. 그러나 우리가 하나님을 모든 사랑의 근원으로 믿을 때 우리는 사랑이 하나님의 백성에게 주신 선물임을 알게 될 것이다.

넷.
하나님의 신실하심을 나타냄

　모든 인간 관계가 진실한 것이 되려면, 그 근원을 하나님께 두어야 하며 하나님의 사랑을 증언하는 것이어야 한다. 하나님의 사랑의 중요한 특징은 신실하심이다. 하나님은 거룩한 약속을 지키시며 결코 우리를 실망시키지 않는다. 하나님은 아브라함과 사라와 이삭과 리브가와 야곱과 라헬에게 신실하심을 보여주셨다. 또한 모세와 아론에게 신실하심으로써 그의 백성을 애굽에서 인도하시고 가나안땅으로 인도하셨다.

　그러나 하나님의 신실하심은 그 이상이다. 하나님은 우리를 도우실 뿐만 아니라 우리와 함께 하시기를 원하신다. 하나님은 우리와 함께 걷고, 우리와 함께 말하고, 우리와 함께 죽으시는 임마누엘이시다. 하나님은 독생자 예수를 이 세상에 보내셔서 우리에게 거룩한 사랑의 신실함을 깨우치시기를 원하신다. 또한 예수님은 떠나시면서 "내가 너희를 홀로 버려두지 않고 너희에게 성령을 보낼 것이다"라고 하셨다. 주님의 영이 우리 안에 계신 하나님이시다. 이것이 하나님의 신실하심의 충만이 계시된다. 예수님을 통해 하나님은 우리에게 그의 영을 주신다. 성령은 우리로 하여금 하나님과 같은 삶을 살 수 있게 하기 위함이다. 성령은 하나님의 숨결이며, 성자와 성부 간의 친밀함이며, 거룩한 연합이며, 우리 안에서 활동하시는 하나님의 사랑이다. 이 거룩한 신실하심이 우리가 해야 할 핵심 증언이다.

우리는 말로, 그리고 삶을 통해 하나님의 신실하심을 세상에 나타내야 한다. 세상은 신실에 관심이 없다. 이는 신실함이 성공과 인기와 권력을 취하는 데 도움이 되지 않기 때문이다. 그러나 예수님께서 우리를 사랑한 것 같이 서로 사랑하라고 하셨다. 그것은 우리가 신실한 관계 즉, 세상적인 술수가 아니라 하나님의 영원한 사랑을 아는 지식에 근거한 관계이다.

신실함이란 쓰라린 결과에도 불구하고 끝까지 버티는 것이 아니다. 그것은 조금도 하나님의 사랑을 반영하지 않는다. 신실함은 우리가 내리는 모든 결정이 우리 가운데 거하시는 하나님의 신실함의 산 증언이 되어야 한다는 깊은 자각에 근거하는 것을 뜻한다. 이것은 모든 형식적 의무를 초월하는 서로에 대한 지극한 관심을 필요로 한다.

다섯.
함께 사는 제자의 삶

    결혼은 하나님의 신실한 사랑의 산 증인이 되는 한 방법이다. 한 남자와 한 여자가 이런 생각으로 결혼하기로 결심한다면 그들의 관계는 근본적으로 새로운 뜻을 지니게 된다. 서로에 대한 그들의 사랑은 그 감정적 내용이 무엇이든지 예수님의 제자인 것을 보여주게 된다. 그러므로 그들의 주된 관심은 부부로서 제자의 삶을 사는 것이다. 많은 사람들은 제자의 삶을 개인적인 문제 혹은 사적인 문제로 여긴다. 그들은 "종교는 나의 일이다. 나는 남이 내 종교 생활을 방해하는 것을 원하지 않고, 나 역시 남의 종교 생활을 방해하고 싶지 않는다"라고 말한다. 이런 태도는 결혼의 친밀한 관계 속에서도 시작된다. 남편은 "아내의 종교는 아내의 사생활에 속하지요"라고 말하고, 부인은 "종교 문제라면 전혀 남편을 간섭하지 않을 거에요"라고 말한다. 그러나 이것은 함께 사는 제자의 삶이 아니다.

결혼은 거룩이라는 관점으로 보면 하나님이 두 사람 사이에 새로운 연합을 창조하신 것으로서 실제적인 연합을 통해 하나님 사랑을 세상에 실현해 보이기 위함이다. 두 사람이 함께 사는 삶을 위해 헌신할 때, 새로운 실체가 탄생한다.

예수님은 "그 둘이 한 몸이 될지니라"고 하셨다. 그것은 부부의 연합이 새로운 신성한 장소를 창조한다는 것을 의미한다. 많은 관계들이 서로 맞물린 손가락들과 같다. 두 사람이 두려움으로 서로 맞잡은 손처럼 서로에게 매달린다. 그들이 서로 연결된 것은 혼자 살 수 없기 때문이다. 그러나 그들이 서로 맞물려 있을 때, 서로의 외로움을 제거할 수 없다는 사실을 깨닫게 되면서 분열이 야기되며 긴장이 증가한다. 이로 인해 이혼으로 끝을 맺기도 한다.

그러나 하나님은 이와 다른 관계를 위해 남자와 여자를 부르신다. 이는 합장한 두 기도 손과 같다. 손가락 끝이 붙어 있지만 두 손은 작은 텐트와 같은 공간이 형성된다. 이것은 두려움이 아니라 사랑으로 지어진 공간이다. 결혼은 하나님의 사랑이 "나그네들" 즉, 자녀와 친구와 방문객을 위한 새롭고 개방된 공간을 마련함이다. 결혼은 신실한 친구로서 우리 가운데 거하기를 원하시는 하나님의 소원을 증언한다.

여섯.
친구의 선택

　영적 생활은 끊임없는 선택의 삶이다. 가장 중요한 선택 중 하나는, 함께 가깝고 친밀한 관계를 발전시켜 나갈 사람들을 선택하는 것이다. 우리의 시간은 제한되어 있다. 누구와 함께, 그리고 어떻게 그것을 사용해야 할까? 그것이 우리의 삶에서 가장 중대한 질문 중의 하나일 것이다. 자녀들이 놀이 동무로, 친구로, 혹은 연인으로 집에 데리고 오는 사람들에게 부모가 지대한 관심을 가지는 것은 지극히 당연하다. 그들은 자녀들의 행복의 많은 부분이 그들이 가까이 지내기로 선택한 사람들에 의해 좌우된다는 것을 알기 때문이다.
　우리는 누구에게 조언을 들으러 가는가? 누구와 더불어 한가한 저녁 시간을 보내는가? 누구와 함께 휴가 여행을 떠나는가? 때로 우리는 자신에게 선택이 거의 없는 것처럼 말하고 행동한다. 때로 우리는 우리와 친구가 되기를 원하는 사람이 있다면,

우리가 무척 운이 좋을 것처럼 생각한다. 그것은 매우 수동적이고, 심지어 숙명론적인 태도이다. 만약 우리가 진실로 하나님이 무한하고 무조건적인 사랑으로 우리를 사랑하신다고 믿는다면, 우리는 우리에게 그 사랑을 보여주기를 갈망하는 남자와 여자가 이 세상에 있다는 것을 믿을 수 있다. 그러나 우리는 누군가가 나타나 우리에게 우정을 베풀기를 수동적으로 기다릴 수만은 없다. 하나님의 사랑을 믿는 사람들인 우리는 하나님의 사랑을 우리에게 나타내 보여줄 누군가에게 "나는 당신을 알기를 원한다. 당신과 함께 시간을 보내고 싶다. 당신과 함께 우정을 가꾸고 싶다. 당신은 어떠십니까?"라고 말할 수 있는 용기와 자신감을 가져야 한다.

때로는 '아니오'라는 대답을 들을 수도 있고, 거부당하는 고통도 당하게 될 것이다. 그러나 우리가 모든 거부를 피한다면 결코 사랑에서 자라고 깊어질 수 있는 환경을 조성할 수 없다. 하나님은 그의 사랑을 나타내시기 위해 인간이 되셨다.

성육신의 모든 의미는 여기에 있다. 성육신은 오래 전에 일어난 일일 뿐 아니라 하나님이 우리에게 필요한 친구를 주시리라고 믿는 사람들을 위해 지금도 계속하여 일어나고 있다. 그러나 그 선택권은 바로 우리에게 있다.

Here and Now

11.

나는 누구인가?

북한
인권백서

하나.
나는 하나님의 자녀

짧은 인생을 사는 동안 우리의 행동의 기준이 되는 질문은 "나는 누구인가?"이다. 좀처럼 이 질문을 공식적으로는 제기하지 않지만, 일상의 결정에서는 매우 분명하게 영향을 끼친다. 보통 그것은 일반적으로 다음의 세 가지로 볼 수 있다. 첫째는 "우리가 행하는 것이 우리의 신분을 결정한다"는 것과, 둘째로 "우리에 대한 다른 사람들의 견해가 우리의 신분을 나타낸다"는 것, 마지막으로 "우리가 가진 재산이 우리를 결정한다"는 것이다. 즉, 우리의 신분은 성공에 의해서 결정된다, 우리는 신분은 명성에 의해 결정된다, 우리의 신분은 권력에 의해 결정된다는 뜻이다.

성공과 명성과 권력에 의존하는 삶의 덧없음을 깨닫는 것이 중요하다. 그것이 덧없는 것은 이 세 가지 모두가 우리가 제한적으로만 통제할 수 없는 외적인 요인들이기 때문이다. 그래서 종종 우리는 우리가 전혀 통제할 수 없는 사건들로 인해 직장이나 명성이나 재산을 잃는다.

그러나 우리가 그것들에 의지한다면, 우리 자신을 세상에 판 것과 같게 된다. 왜냐하면 그때 우리의 신분은 세상이 우리에게 부여하는 것에 의해 결정되기 때문이다. 죽음은 그 모든 것을 우리에게서 앗아간다. 따라서 그 최후 진술은 우리가 죽을 때, 우리는 아무 것도 아니다라는 것이다. 우리가 죽게 되면, 우리는 더 이상 아무 것도 할 수 없으며, 사람들은 더 이상 우리에 대해 이야기하지 않으며, 우리는 더 이상 아무 것도 소유하지 못하기 때문이다. 세상이 우리의 신분을 결정한다면, 세상에서 떠난 후에 우리는 아무 것도 될 수가 없다.

예수님은 우리에게 성공과 명성과 권력에 근거한 신분은 거짓 신분, 즉 망상이라는 것을 말하러 오셨다. 예수님은 분명히 "너희는 세상에 속한 것이 아니라 하나님의 자녀들이다"라고 말하셨다.

둘.
이미 사랑받고 있는 나

영적 생활을 하기 위해서 우리의 참된 신분을 분명하게 깨달아야 한다. 우리는 하나님의 자녀들로서 하늘 아버지의 사랑하는 아들과 딸이다. 예수님의 삶은 우리에게 이 신비로운 진리를 보여주신다. 예수님은 요단 강에서 세례 요한에게 세례를 받으시고 물에서 올라오실 때 하늘이 갈라지고 성령이 비둘기같이 그에게 임하시는 것을 보셨다. 그리고 하늘에서 "너는 내 사랑하는 아들이라 내가 너를 기뻐하노라"(막 1:10-11)는 소리가 들려왔다.

이것은 예수님의 생에 있어서 결정적인 순간이다. 주님의 참된 신분이 선포된 순간이다. 주님은 하나님의 사랑하는 자이시다. 사랑받는 자이신 주님은 모든 사람들로 하여금 그 자신들이 사랑받고 있음을 알게 하기 위해 세상에 오셨다. 그러나 예수님 위에 임하셔서 하나님의 사랑하는 자로서의 그의 신분을 확증하셨던 그 성령은 그를 사탄에게 시험받게 하기 위해 광야로 인도하시기도 했다. 사탄은 예수님에게 돌을 떡으로 만들고, 성전 꼭대기에서 뛰어내려 천사들에게 들리워지고, 세상의 왕국을 받아들임으로써 아버지의 사랑을 입증하라고 유혹했다. 그러나 예수님은 스스로 자신의 참된 신분을 강하게 주장함으로써 성공과 명성과 권력에 대한 이 유혹을 물리치셨다.

예수님은 자기가 사랑받을 가치가 있다는 것을 세상에 증명할 필요가 없었다. 주님은 이미 "사랑받는 자"였다. 그리고 요단 강에서 들은 하늘 아버지의 소리를 언제나 신뢰하며 세상의 조작적인 게임에서 벗어나 자유롭게 살 수 있었다.

예수님의 일생은 순종 그 자체였다. 주님은 자기를 사랑하는 자라고 하신 아버지의 말씀에 언제나 순종하셨다. 주님이 말하거나 행한 모든 것은 가장 친밀한 영적 교제에서 유래되었다. 예수님은 죄 많고 상한 심령들을 그가 살았던 동일한 영적 교제에 참여하라고 하신다. 그것은 그가 하나님의 사랑하는 아들이셨던 것처럼 우리도 하나님의 사랑하는 자식들이며, 그가 보내졌던 것처럼 우리도 모든 사람의 사랑 받음을 선포하기 위해 세상에 보내며, 그가 그랬던 것처럼 우리도 마침내 사망의 파괴적인 세력을 이기게 될 것을 의미한다.

셋.
기도 훈련

　삶의 비극 중 하나는 자신의 신분을 망각하며, 많은 시간과 정력을 증명할 필요없는 것을 증명하는 데 허비한다는 것이다. 우리는 하나님의 사랑하는 아들과 딸이다. 이는 우리가 스스로 하나님의 사랑을 받을 가치가 있다는 것을 입증했기 때문이 아니라, 하나님이 주권적으로 우리를 선택하셨기 때문이다.

　우리의 참된 신분을 계속하여 기억하기는 매우 어렵다. 이는 우리의 돈과 시간과 정력을 원하는 세력은 우리의 내적 자유에서보다 불안정과 두려움에서 더 많은 이익을 얻기 때문이다. 그러므로 우리가 계속하여 진리를 따라 살며 사회의 끊임없는 유혹에 굴복하지 않으려면 훈련이 필요하다. 우리가 어디에 있든지 그곳에서는 "이리로 가, 저리로 가. 이것을 사, 저것을 사. 저 사람과 사귀라, 이 사람과 사귀라. 이것을 놓치지 말라, 저것을 놓치지 말라"는 소리가 들린다. 이 소리는 계속하여 우리를 우리 존재의 중심에서 "너는 내 사랑하는 자이며 내 기뻐하는 자"라고 하는 그 부드럽고 온유한 음성에서 멀어지게 한다.

기도는 사랑의 음성을 듣는 훈련이다. 예수님은 많은 밤을 기도하면서 요단 강에서 그에게 말씀하신 그 소리를 듣는 데 보내셨다. 우리는 기도해야 한다. 기도하지 않으면 사랑의 소리에 귀머거리가 되고, 주의를 산만하게 하는 많은 소리로 혼란스러워진다. 그러나 이러한 훈련은 참으로 어렵다. 누구와 이야기하거나 음악을 듣거나 TV를 보거나 책을 읽지 않고 30분이라도 고요한 상태에 머물고자 한다면 시끄러운 내면의 소리에 압도되어 금방 분심된다는 사실을 알게 될 것이다. 흔히 우리 내면은 원숭이들이 뛰노는 바나나 나무와 같다. 그러나 초점을 놓치지 않는다면, 이 원숭이들은 점차 사라지고 우리를 향해 사랑하는 자라고 하시는 부드럽고 온유한 소리가 들릴 것이다.

예수님은 주로 밤에 기도하셨다. "밤"은 태양의 부재 그 이상을 뜻한다. 그것은 만족스러운 느낌이나 혹은 예리한 통찰의 부재도 뜻한다. 신실하기가 그토록 어려운 것은 바로 이 때문이다. 그러나 하나님은 우리의 마음과 생각보다 크시며…모든 느낌과 모든 생각을 초월하여 계속하여 우리를 사랑하는 자라고 하신다.

넷.
시계와 시간

우리가 스스로 우리의 사랑받음의 진리를 주장할 때, 우리의 삶은 보다 넓어지고 보다 깊어진다. 사랑받는 자로서의 우리의 삶은 우리의 탄생과 죽음의 한계를 넘어 지속된다. 우리는 단순히 태어날 때에 사랑받는 자가 되었다가 죽을 때에 사랑을 잃는 것이 아니다. 우리의 사랑받음은 영원한 것이다. 하나님은 우리에게 "내가 영원한 사랑으로 너를 사랑하노라"고 하셨다. 이 사랑은 우리의 부모님이 우리를 사랑하기 이전에 거기 있었으며, 친구들과 나눈 우정보다 훨씬 이전에 있었던 것이다. 그것은 거룩하고 영구한 사랑이며 영원한 사랑이다.

우리의 참된 신분이 이 무조건적이며 무제한적인 영원한 사랑에 근거하기 때문에, 우리는 "시계—시간"의 희생자가 되는 일을 피할 수 있다. 시계—시간은 우리가 이 세상에서 가지는 시간이다. 그 시간은 초, 분, 시, 날, 주, 달, 해로 측정된다. 잠을 자든 깨어 있든 시간은 계속하여 똑딱거리며 가는 시계라면, 시계 시간은 하나의 강박 관념이 될 것이다.

나는 언제나 나의 시계—시간을 의식하였다. 종종 나는 스스로 "내가 이제껏 산 만큼 더 살 수 있을까?"라고 질문했다. 나이가 서른이 되자 "삼십 년은 더 거뜬히 살 수 있겠지"라고 했고, 나이가 마흔이 되자 "이제 내가 반(半) 정도 살았을 거야"라고 생각했다. 지금 나는 "얼마 남지 않은 나의 시간을 어떻게 쓸 것인가?"라고 생각하고 있다.

시계—시간에 대한 이 모든 관심은 세상적인 것이다. 그것은 우리의 연대기가 우리가 살아야 하는 전부라는 전제에 근거한다. 그러나 하나님의 시각에서 볼 때, 우리의 시계—시간은 하나님의 영원한 품에 깊이 새겨져 있다. 하나님의 시각에서 볼 때, 땅 위에서의 우리의 세월은 단순히 chronos가 아니라 kairos이다. 그것은 하나님이 영원에서 영원까지 우리에게 베푸시는 그 사랑을 우리 것으로 주장할 수 있는 기회이다.

그러므로 우리의 짧은 생은 우리가 걱정스럽게 매달려야 하는 제한된 시간이 아니라, 우리가 마음과 혼과 뜻을 다하여 하나님의 사랑에 응하며 그로써 거룩한 연합에 참여할 수 있는 구원의 기회이다.

다섯.
죽음을 맞을 준비

어떤 이들은 죽음이 두렵다고 하고, 어떤 이들은 그렇지 않다고 한다. 그러나 보통 죽음을 두려워 한다. 몸과 마음의 쇠약해짐, 암, 에이즈, 식구들에게 짐 되는 것, 마음대로 몸을 움직이지 못하는 것, 아무 것도 알 필요가 없는 사람으로 취급받는 것, 치매―이 모든 것들을 우리는 두려워한다. 때로 "장기간 고통스러운 병이 아니라 갑자기 심장마비로 죽으면 얼마나 좋을까"라는 생각을 하기도 한다. 그러나 우리가 무엇을 생각하고 바라든지, 우리는 어떻게 죽을지 예견할 수 없으며, 그것에 대한 우리의 염려와는 아무런 상관이 없다. 그러나 죽음을 준비할 필요는 있다. 적어도 죽음이 우리의 실체의 완전한 분해가 아니라 가장 완전한 형태에 이르는 길이라는 것을 믿을 때, 죽음을 준비하는 것은 생의 가장 중요한 일이 된다.

죽음이란 예수님의 말씀과 같이 완전한 패배와 완전한 승리가 하나가 되는 순간이다. 예수님이 달리셨던 십자가가 이를 입증한다. 예수님은 그의 죽음을 "들리워지는" 것으로 말씀하셨다. 그는 부활에서 들리워질 뿐 아니라 십자가에서도 들리워지셨다. 주님은 우리의 죽음이 그의 죽음과 같기를 원하신다. 죽음은 세상이 우리를 추방하지만 하나님은 우리를 본향으로 맞아들이신다.

어떻게 죽음을 준비해야 할까? 사랑이 죽음보다 크신 하나님 아버지를 날마다 의식하며 사는 것이다. 삶의 마지막 날에 대해 생각하고 염려하는 것은 아무 소용이 없다. 그러나 하루하루 하나님의 아들과 딸로서 사랑받고 있음을 기념하는 날로 산다면, 우리의 최후의 날이 새로운 탄생의 날이 될 것이다.

죽음의 고통은 해산의 고통이다. 그것을 통해 우리는 이 세상의 태를 떠나 하나님의 완전한 자녀로 태어난다. 사도 요한은 "…사랑하는 자들아 우리가 지금은 하나님의 자녀라 장래에 어떻게 될 것은 아직 나타나지 아니하였으나 그가 나타내심이 되면 우리가 그와 같을 줄을 아는 것은 그의 계신 그대로 볼 것을 인함이라"(요일 3:1-2)고 했다.

장래에 우리가 어떻게 될 것을 가장 잘 준비하는 길은 이미 우리가 하나님의 자녀인 것을 깊이 믿는 것이다.

여섯.
본향으로 돌아감

우리의 생은 하나님의 사랑에 대해 "예"라고 답할 수 있는 짧은 기회이다. 우리의 죽음은 그 사랑에게로 완전히 귀의하는 것이다. 본향에 돌아가기를 바라는가? 우리는 가능한 한 본향에 돌아가는 시간을 지체시키고자 최대한의 노력을 하는 것 같다. 그러나 사도 바울은 빌립보에 사는 그리스도인들에게 보내는 편지에서 전혀 다른 태도를 보여준다. 예수님은 "(내가) 떠나서 그리스도와 함께 있을 욕망을 가진 이것이 더욱 좋으나 그러나 내가 육신에 거하는 것이 너희를 위하여 더 유익하리라"고 했다. 바울의 가장 깊은 소원은 그리스도를 통하여 하나님과 완전히 연합되는 것이며, 그 소원은 그로 하여금 죽는 것도 "유익한" 것으로 여기게 한다.

그러나 그의 다른 소원은 육신으로 살아 있어 그의 사명을 완수하는 것이다. 삶은 그에게 사역의 열매를 거둘 수 있는 기회를 준다. 이것은 다시 우리에게 우리의 삶을 하나님의 관점에서 보도록 도전한다. 사실 예수님이 우리에게 오셔서 우리로 하여금 그의 죽음과 부활에 동참함으로써 하나님과의 완전한 연합을 누릴 수 있게 하셨는데, 우리가 죽을 몸을 떠나 우리 존재의 그 최후의 목표에 이르는 것 외에 무엇을 더 갈망하겠는가? 우리가 이 눈물 골짜기에 남아 있는 유일한 이유는 오직 아버지께서 아들을 보내신 것과 같이, 우리를 세상에 보내신 예수님의 사명을 계속하여 수행하기 위함이다.

거룩한 관점에서 볼 때 인생은 짧고 고통스러운 사명이지만, 한 편 하나님의 나라를 위해 유익한 사역을 할 수 있는 기회로 가득차 있다. 죽음은 왕이 친히 우리를 섬길 연회장으로 인도하는 열린 문이다. 그것은 우리에게 너무나도 낯설다. 그러나 그 길은 예수님의 길이며 우리가 따라야 할 길이다. 죽음은 병이 아니다. 오히려 그것은 생과 사에 대한 즐거운 비전이다.

육신으로 있는 동안 우리의 여정에서 만나는 사람들에게 하나님의 나라의 기쁨과 평강을 가져다 줄 수 있도록 우리의 몸을 잘 돌보아야 한다. 그러나 때가 되어 죽어야 할 때, 이제 본향으로 돌아가 우리를 사랑하는 자로 부르신 그분과 하나가 될 수 있음을 기뻐하자.

후기

나는 이 글들을 쓰는 동안 줄곧 아직 써야 할 것이 너무나 많다는 생각을 했다. 그러므로 이 후기는 지극히 인위적인 것이라 할 수 있다. 이것은 많은 다른 묵상들의 머릿말이 될 수도 있다. 그러나 나는 이 "열린 마감"을 좋아한다. 왜냐하면 그것은 생명과 사랑의 무한한 근원인 거룩한 신비 속으로 더욱 깊이 들어가도록 나를 격려하기 때문이다. 영적인 삶에 대해 써야 할 것들이 아직 너무도 많으며, 각 낱말은 보다 새로운 낱말을, 각 책은 보다 새로운 책을 요청하는 것 같다.

이 묵상을 읽는 여러분에게 나는 '여기서 멈추지 마십시오. 여러분 스스로 계속하십시오'라고 말하고 싶다. 나는 단지 여러분이 독자 여러분 자신의 말을 찾도록 돕고, 나의 생각은 여러분이 여러분 자신의 생각을 찾도록 도울 뿐이어야 한다.

내가 이 책에서 쓴 것은 내 자신의 개인적인 영적 여정을 표현한 것이며, 나의 개성과 시간과 장소와 환경으로 제한되어 있다. 여러분의 영적 여행은 그 나름대로의 독특함을 가지고 있으며 따라서 그 독특한 아름다움과 경계들을 지닌다.

  나의 삶에 나타난 하나님의 사랑에 대한 설명이, 여러분의 삶 속에서 보이는 하나님의 사랑을 발견하고 설명할 수 있는 자유와 용기를 주기를 바란다.